KB163581

야나두 현지 영어
미국에서 한 달 살기

야나두 현지 영어
미국에서 한 달 살기 Outdoors ❶

지은이 다락원&야나두 콘텐츠팀
펴낸이 정규도
펴낸곳 (주)다락원

초판 1쇄 발행 2021년 10월 1일
    2쇄 발행 2023년 7월 14일

총괄책임 정계영
기획·편집 오순정, 박지혜, 조창원
디자인 All Contents Group
감수 야나두 콘텐츠 연구소

DARAKWON 경기도 파주시 문발로 211
내용문의 (02)736-2031 내선 329
구입문의 (02)736-2031 내선 250~252
Fax (02)732-2037
출판 등록 1977년 9월 16일 제406-2008-000007호

COPYRIGHT 2021 DARAKWON&YANADOO

저자 및 출판사의 허락 없이 이 책의 일부 또는 전부를 무단 복재·전재·발췌할 수 없습니다.
구입 후 철회는 회사 내규에 부합하는 경우에 가능하므로 구입문의처에 문의하시길 바랍니다.
분실 파손 등에 따른 소비자 피해에 대해서는 공정거래위원회에서 고시한 소비자 분쟁 해결 기준에 따라
보상 가능합니다. 잘못된 책은 바꿔 드립니다.

ISBN 978-89-277-0148-4 14740
      978-89-277-0143-9(세트)

야나두 현지 영어

미국에서 한 달 살기

Outdoors ①

야나두 × 다락원

💧💧 100% 미국에서 건너온 리얼 회화
한 달 동안 미국 현지 생생하게 체험하기! 💧💧

1. 〈미국에서 한 달 살기〉, '여행 영어'를 넘어선 '체험 영어'로 만들었습니다.

'이건 어떻게 조리해 먹나요?'
'이 바지 좀 수선해주시겠어요?'
'문 앞에 놔주세요.'

이 책은 주인공 리나가 〈미국에서 한 달 살기〉로 미국 생활을 체험하면서 원어민과 나눈 대화를 수록했습니다. 파머스 마켓에 가서 물건을 구입하고, 앱으로 점심을 배달하고, 세탁소에 방문하는 등 현지에서만 일어날 수 있는 에피소드를 가지고 현지에서의 즐거움을 두 배로 만들어줄 영어를 익힐 수 있습니다.

2. '뻔하지 않은' 실전 영어를 하고 싶은 분을 위해 만들었습니다.

다양한 생활 밀착형 미션을 통해 내 의사 표현을 정확하게 전달할 수 있는 패턴과 표현을 익힐 수 있습니다.
미국에서 한 달을 지내는 리나에게 다양한 미션이 주어집니다. 예를 들어, 칵테일 바에서는 '약한 도수의 칵테일 주문하기.' '색다른 칵테일 물어보기'가 미션으로 제시되는데요. I'd like to have one cocktail.(칵테일 하나 주세요.)처럼 정형화된 회화 패턴뿐만 아니라, 더 구체적으로, I have a low tolerance for alcohol.(제가 술이 약해서요.)나 Do you guys have any juice-based cocktails?(주스가 들어간 칵테일이 있나요?)처럼 상황에 딱 어울리는 구체적인 표현도 학습할 수 있어, 현지를 더 재미있게 즐길 수 있게 될 것입니다.

3. We'll upgrade your English!
여러분의 영어 실력을 한 단계 높여드립니다.

〈미국에서 한 달 살기〉, 누구나 한 번쯤 꿈꿔보는 로망이 아닐까요? 하지만, 여행하는 것과 살아보는 건 천지 차이죠. 베이글에 크림치즈, 주문하기 어려워 보여도 현지에서 살려면 매번 포기할 수 없잖아요? 적극적으로 물어봐야죠. 꼭 한 달 살기가 아니더라도, 현지에서 자신이 원하는 걸 명확하게 이야기할 수 있다면 좋겠죠? 현지에 갔다는 생각으로 이미지 트레이닝을 하면서 이 책을 공부해보세요. '이런 상황에서 나는 어떻게 말할까' '이런 건 영어로 어떻게 말할 수 있지?' 이런 식으로 이것저것 구체적으로 해보고 싶은 마음으로 학습하다 보면 여러분의 영어 실력도 한 단계 높아져 있을 것입니다.

CONTENTS

CONTENTS

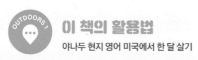

이 책의 활용법

야나두 현지 영어 미국에서 한 달 살기

① 인트로

오늘 리나는 어떤 미션을 받게 될까요? 학습할 내용을 읽어보면서 여러분이라면 미션을 어떻게 수행할지 상상하면서 워밍업해보세요.

② Live Talk

리나와 원어민의 대화, 혹은 단독 vlog를 mp3로 듣고 읽어보면서 내용을 파악해보세요.

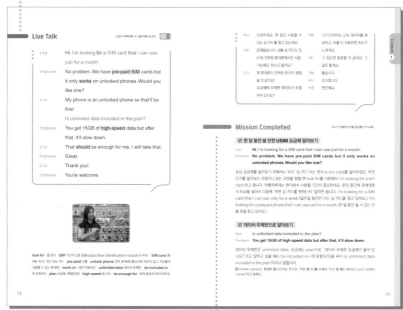

③ Mission Completed

리나가 미션을 어떻게 달성했는지 확인해보세요.
해당 과의 필수 표현이니 꼼꼼하게 체크하세요.

Expression Point

회화 실력을 업그레이드하는 표현을 친절한 설명과 함께 수록했습니다.
예문을 추가하여 정확한 용법을 익히고 활용도를 높였습니다.

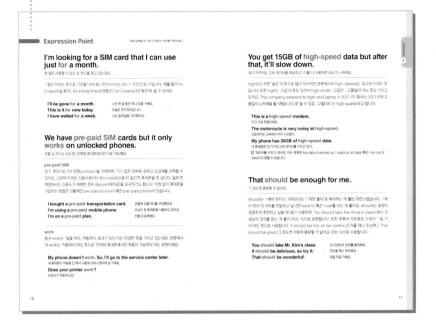

⑤ **Drill 1** ··········

Expression point에 나온 표현을 응
용하여 영작하는 코너입니다.
보기를 참고해서 꼭 영작해보세요. 직접
써보면 표현을 내 것으로 만드는 데 큰
도움이 됩니다.

⑥ **Drill 2** ··········

Live Talk에서 중요한 문장만 뽑아 말
하기 연습하는 시간입니다.
mp3로 문장을 따라 말하고 외우면 실
전에 활용하기 더욱 쉽습니다.

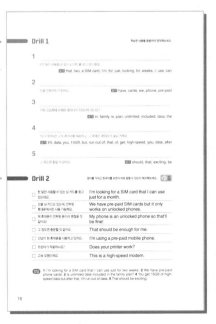

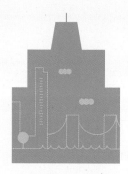

한 달 동안 미국 현지
생생하게 체험하기

•

Let's get started!

스마트폰 개통하기

스마트폰을 개통하려고 가게에 온 리나. 오늘은 어떤 미션을 받게 될까요?

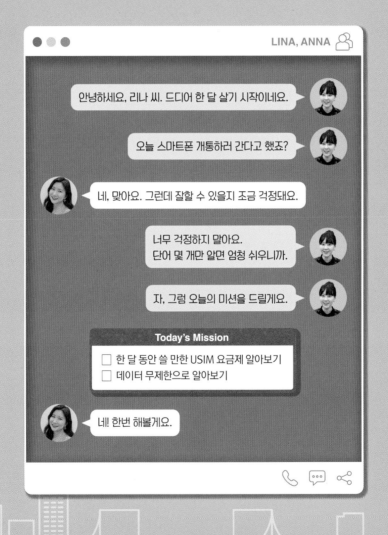

LINA, ANNA

안녕하세요, 리나 씨. 드디어 한 달 살기 시작이네요.

오늘 스마트폰 개통하러 간다고 했죠?

네, 맞아요. 그런데 잘할 수 있을지 조금 걱정돼요.

너무 걱정하지 말아요.
단어 몇 개만 알면 엄청 쉬우니까.

자, 그럼 오늘의 미션을 드릴게요.

Today's Mission

☐ 한 달 동안 쓸 만한 USIM 요금제 알아보기
☐ 데이터 무제한으로 알아보기

네! 한번 해볼게요.

Lina Hi. I'm looking for a SIM card that I can use just for a month.

Employee No problem. We have pre-paid SIM cards but it only works on unlocked phones. Would you like one?

Lina My phone is an unlocked phone so that'll be fine!

Is unlimited data included in the plan?

Employee You get 15GB of high-speed data but after that, it'll slow down.

Lina That should be enough for me. I will take that.

Employee Great.

Lina Thank you!

Employee You're welcome.

look for ~을 찾다　**SIM** 가입자 인증 모듈(subscriber identification module의 약자)　**SIM card** (휴대폰 속의) 개인 정보 카드　**pre-paid** 선불　**unlock phone** 언락 폰(특정 통신사에 속하지 않고 자유롭게 사용할 수 있는 휴대폰)　**work on** ~에만 작동하다　**unlimited data** 데이터 무제한　**be included in** ~에 포함되다　**plan** 요금제, 계획[방침]　**high-speed** 초고속　**be enough for** ~에게 충분하다[넉넉하다]

리나	안녕하세요. 한 달만 사용할 수 있는 심 카드를 찾고 있는데요.	직원	15기가까지는 고속 데이터를 제공하고, 이를 다 사용하면 속도가 느려져요.
직원	문제없습니다. 선불 심 카드는 있는데, 연락된 휴대폰에서만 사용 가능해요. 하나 드릴까요?	리나	그 정도면 충분할 것 같아요. 그걸로 할게요.
리나	제 휴대폰이 연락된 폰이라 괜찮을 것 같아요! 요금제에 무제한 데이터가 포함되어 있나요?	직원 리나 직원	좋습니다. 감사합니다. 천만에요.

Mission Completed

리나가 어떻게 미션을 달성했는지 보세요.

☑ 한 달 동안 쓸 만한 USIM 요금제 알아보기

Lina **Hi. I'm looking for a SIM card that I can use just for a month.**

Employee **No problem. We have pre-paid SIM cards but it only works on unlocked phones. Would you like one?**

유심 요금제를 알아보기 위해서는 우선 '심 카드'라는 뜻의 a sim card를 알아야겠죠. 무엇인가를 알아보는 과정이나 찾는 과정을 말할 땐 look for를 사용해서 I'm looking for a sim card.라고 합니다. 여행자에게는 현지에서 사용할 기간이 중요한데요. 문장 중간에 관계대명사 that을 넣어서 다음에 '어떤 심 카드를 원하는지' 말하면 됩니다. I'm looking for a SIM card that I can use only for a week.(일주일 동안만 쓰는 심 카드를 찾고 있어요.), I'm looking for a prepaid phone that I can use just for a month.(한 달 동안 쓸 수 있는 선불 폰을 찾고 있어요.)

☑ 데이터 무제한으로 알아보기

Lina **Is unlimited data included in the plan?**

Employee **You get 15GB of high-speed data but after that, it'll slow down.**

데이터 무제한은 unlimited data, 요금제는 plan으로, '데이터 무제한 요금제가 들어 있나요?'라고 말하고 싶을 때는 be included in(~에 포함되다)을 써서 Is unlimited data included in the plan?이라고 말합니다.

➕ mobile carrier는 '휴대폰 통신사'라는 뜻으로, '어떤 통신사를 쓰세요?'라고 할 때는 What's your mobile carrier?라고 말해요.

I'm looking for a SIM card that I can use just for a month.

한 달만 사용할 수 있는 심 카드를 찾고 있는데요.

'~동안'이라는 뜻으로 기간을 나타내는 전치사 for는 〈for + 기간〉으로 쓰입니다. 예를 들어 for 5 days(5일 동안), for a long time(오랫동안), for 3 years(3년 동안)로 쓸 수 있어요.

I'll be gone for a month.   나는 한 달 동안 떠나 있을 거예요.
This is it for now today.   오늘은 여기까지입니다.
I have waited for a week.   나는 일주일을 기다렸어요.

We have pre-paid SIM cards but it only works on unlocked phones.

선불 심 카드는 있는데, 언락된 휴대폰에서만 사용 가능해요.

pre-paid SIM
장기 계약으로 2년 약정(contract)을 선택하면, 기기 값은 대부분 공짜고 요금제를 선택할 수 있어요. 그런데 미국은 신용사회이다 보니 credit(신용)이 없으면 휴대폰을 못 삽니다. 일부 판매점에서는 신용도가 애매한 경우 deposit(예치금)을 요구하기도 합니다. 약정 없이 휴대폰을 구입하는 방법은 선불제인 pre-paid account 혹은 pre-paid phone이 있습니다.

I bought a pre-paid transportation card.   선불제 교통카드를 구입했어요.
I'm using a pre-paid mobile phone.   선납이 된 휴대폰을 사용하고 있어요.
I'm on a pre-paid plan.   선불 요금제예요.

---

work
동사 work는 '일을 하다, 작동하다, 효과가 있다'라는 다양한 뜻을 가지고 있는데요. 본문에서의 work는 '작동하다'라는 뜻으로 '언락된 휴대폰에서만 작동이 가능하다'라는 표현이에요.

My phone doesn't work. So, I'll go to the service center later.
내 휴대폰이 작동을 안 해서 나중에 서비스센터에 갈 거예요.
Does your printer work?
프린터가 작동하나요?

You get 15GB of high-speed data but after that, it'll slow down.

15기가까지는 고속 데이터를 제공하고, 이를 다 사용하면 속도가 느려져요.

high라고 하면 '높은'의 뜻으로 많이 쓰이지만 본문에서의 high-speed는 '초고속'이라는 뜻입니다. 또한 high는 '고급'의 뜻도 있어서 high-end는 '고급의', '고품질의'라는 뜻도 가지고 있어요. This company released its high-end laptop in 2021.(이 회사는 2021년에 고품질의 노트북을 출시했습니다.)로 쓸 수 있죠. '고퀄리티'는 high quality라고 합니다.

This is a high-speed modem.
이건 고속 모뎀이에요.

The motorcycle is very noisy at high-speed.
오토바이는 고속에서 아주 시끄럽다.

My phone has 20GB of high-speed data.
내 휴대폰은 20기가의 고속 데이터를 가지고 있다.

➕ '데이터를 거의 다 썼어요.'라는 표현은 My data is almost up, I used up all data 혹은 I ran out of data라고 말할 수 있습니다.

That should be enough for me.

그 정도면 충분할 것 같아요.

should는 '~해야 한다'는 의미보다는 '~하면 좋다'로 해석하는 게 훨씬 자연스럽습니다. '~해야 한다'의 의미를 전달하고 싶다면 have to 혹은 must를 쓰는 게 좋아요. should는 굉장히 정중하게 추천하고 싶을 때 많이 사용하며, You should take the Anna's class.(애나 선생님의 강의를 듣는 게 좋아.)라는 식으로 표현합니다. 또한 추측의 의미로도 쓰여서 '~일 거야'라는 뜻으로 사용합니다. It should be hot, so be careful.(뜨거울 테니 조심해.), That should be great.(그 정도면 저에게 충분할 거 같아요.)라는 식으로 사용합니다.

You should take Mr. Kim's class.　　김 선생님의 강의를 들어봐요.
It should be delicious, so try it.　　맛있을 테니 먹어봐요.
That should be wonderful!　　정말 멋질 거예요.

Drill 1

학습한 내용을 응용하여 영작해보세요.

1

_____

2주 동안 사용할 수 있는 심 카드를 찾고 있는데요.

보기 that, two, a SIM card, I'm, for, just, looking, for, weeks, I, use, can

2

_____

선불 전화카드가 있어요.   **보기** have, cards, we, phone, pre-paid

3

_____

가족 요금제에 무제한 데이터가 포함되어 있나요?

보기 in, family, is, plan, unlimited, included, data, the

4

_____

15기가까지는 고속 데이터를 제공하고, 그 후에는 데이터가 끊길 거예요.

보기 it'll, data, you, 15GB, but, run out of, that, of, get, high-speed, you, data, after

5

_____

그 정도면 좋을 거 같아요.   **보기** should, that, exciting, be

Drill 2

영어를 가리고 한국어를 보면서 바로 말할 수 있는지 체크해보세요. 01 02

☐	한 달만 사용할 수 있는 심 카드를 찾고 있는데요.	I'm looking for a SIM card that I can use just for a month.
☐	선불 심 카드는 있는데, 언락된 휴대폰에서만 사용 가능해요.	We have pre-paid SIM cards but it only works on unlocked phones.
☐	제 휴대폰이 언락된 폰이라 괜찮을 것 같아요!	My phone is an unlocked phone so that'll be fine!
☐	그 정도면 충분할 것 같아요.	That should be enough for me.
☐	선납이 된 휴대폰을 사용하고 있어요.	I'm using a pre-paid mobile phone.
☐	프린터가 작동하나요?	Does your printer work?
☐	고속 모뎀이에요.	This is a high-speed modem.

 1 I'm looking for a SIM card that I can use just for two weeks. **2** We have pre-paid phone cards. **3** Is unlimited data included in the family plan? **4** You get 15GB of high-speed data but after that, it'll run out of data. **5** That should be exciting.

길 물어보기

타임스퀘어 한복판에 있는 리나. 길을 잃은 거 같은데요.
오늘은 어떤 미션을 받게 될까요?

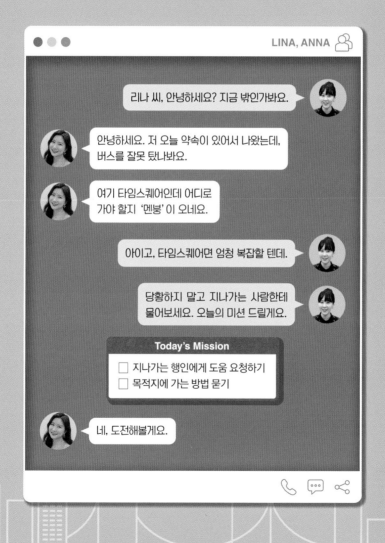

Live Talk

Lina	Hi, excuse me. It's my first time in Times Square and I'm **totally** lost. Would you mind helping me with the directions?
Stranger	Tourist? It's fun to get lost… I'm just kidding. Where are you trying to go?
Lina	I don't even know where I'm at right now… But I'm trying to go to 44th Street and Broadway.
Stranger	We're on 47th and 7th avenue so you go down to the left.
Lina	Oh… Okay. Thank you so much.
Stranger	You'll get used to it. Have fun on your trip.
Lina	Thank you, bye!

totally 완전히 **lost** 길을 잃은 **mind** 꺼려하다 **help with** ~을 돕다 **directions** 길 안내 **tourist** 관광객 **kid** 농담하다(= joke) **right now** 지금 당장 **avenue** 거리, -가 **get used to** ~에 익숙해지다

리나	안녕하세요. 저 타임스퀘어는 처음인데 지금 길을 잃은 것 같아요. 길 안내 좀 도와주시겠어요?		를 가려고 하거든요.
행인	관광객이세요? 길 잃어버리는 건 재미있죠. 농담이에요. 어디 가려는 거예요	행인	지금 우리는 47번가와 7번가에 있으니까 왼쪽으로 내려가시면 돼요.
리나	지금 제가 어디 있는지도 잘 모르겠는데…. 44번가와 브로드웨이	리나	그렇군요. 감사합니다.
		행인	익숙해지실 거예요. 즐거운 여행 되세요.
		리나	감사합니다.

Mission Completed

리나가 어떻게 미션을 달성했는지 보세요.

☑ 지나가는 행인에게 도움 요청하기

Lina **Hi, excuse me. It's my first time in Times Square and I'm totally lost. Would you mind helping me with the directions?**

Stranger **Tourist? It's fun to get lost… I'm just kidding.**

길을 잃어서 행인에게 이곳이 어딘지를 물어볼 때는 Where am I now?(제가 지금 있는 곳이 어디예요?)라고 해요. 좀 더 정중하게는 〈Would you mind + 동사-ing?〉(~해주시겠습니까?) 패턴을 사용합니다. 여기서 mind는 '꺼려하다'라는 뜻으로 대답으로는 no가 yes의 표현이 되고, yes가 no의 표현이 됩니다. Would you mind helping me the address?(주소 좀 알려주실 수 있어요?)라고 물을 수도 있어요. Times Square를 가려면 어느 방향으로 가야 하는지 물을 때는 Excuse me, in which direction should I go to Times Square?라고 말해요.

☑ 목적지에 가는 방법 묻기

Lina **I don't even know where I'm at right now… But I'm trying to go to 44th Street and Broadway.**

Stranger **We're on 47th and 7th avenue so you go down to the left.**

내가 가려고 하는 목적지를 말할 때는 〈I'm trying to go to + 목적지〉를 사용해요. 여기서는 44번가와 브로드웨이를 가려고 하니 I'm trying to go to 44th Street and Broadway.가 되겠죠. 타임스퀘어에 가려고 한다면 I'm trying to go to Times Square. How do I get there?라고 물어보면 됩니다. go 말고 find를 써서 I'm trying to find the Statue of Liberty.(자유의 여신상을 찾으려고 해요.)라고 하거나 Could you tell me how to get to the Brooklyn Bridge?(브루클린 다리에 어떻게 가는지 알려주실 수 있으세요?)라고 해요.

It's my first time in Times Square and I'm totally lost.

저 타임스퀘어는 처음인데 지금 길을 잃은 것 같아요.

---

totally는 '완전히, 전적으로'라는 뜻으로, 같은 뜻의 단어로는 completely와 fully가 있습니다.

It was totally awesome!	정말 굉장했어요!
He was totally unprepared.	그는 전혀 준비가 안 되었어요.
That's totally not fair.	그건 완전히 불공평해요.

Would you mind helping me with the directions?

길 안내 좀 도와주시겠어요?

〈Would you mind~?〉에 대한 대답으로 No, I don't mind.(아니요, 괜찮아요.) Not at all.(전혀요.) Of course not.(당연히 아니죠.) Certainly not.(당치 않아요.) 아니면 아주 친절하게 Sure.이라고 할 수 있습니다. 거절의 대답으로는 Yes, I mind, I can't help you right now.(네, 좀 그래요. 지금 당장 도와드릴 수가 없네요.), I'm sorry, I'd like to but I'm busy right now.(미안해요, 지금 바빠서 도와드리고 싶어도 안 될 것 같아요.)라고 말할 수 있습니다.
〈Would you mind~?〉가 친구끼리 사용하기에는 너무 정중한 표현이라면 〈Where is + 목적지?〉로 물어볼 수도 있어요. 또 Can you point me in the right direction?은 point(가리키다)를 써서 올바른 목적지 방향을 알려달라고 하는 표현입니다. Excuse me, I'm looking for the bus station. Can you point me in the right direction? 이런 식으로 말하면 돼요.

Would you mind asking for directions?	길 좀 물어봐도 될까요?
Would you mind telling me the secret?	비밀을 말해줄 수 있나요?
Would you mind lending me some money?	돈 좀 빌려주시겠어요?

I don't even know **where I'm at right now.**

지금 제가 어디 있는지도 잘 모르겠는데요.

I don't even know.는 '~하는지도 모르겠다'라는 뜻으로 본문에서는 본인이 어디에 있는지도 잘 모르겠다는 뜻이에요. 길 찾는 능력이 부족한 사람을 '길치'라고 하는데요. 이럴 때 쓰는 표현으로는 I have no sense of direction. I am bad with directions.가 있습니다.
반대로 누군가 길을 물었는데 잘 모르겠으면 I'm not sure. I'm a stranger here too.(저도 잘 모르겠어요. 저도 여기 잘 몰라서요.) 혹은 I'm also new here.(저도 여기 처음 왔어요.)라고 말하면 됩니다.

I don't even know **where to go.**	내가 어디로 가야 하는지도 모르겠어요.
I don't even know **what to do.**	내가 뭘 해야 할지도 모르겠어요.
I don't even know **what to say.**	뭐라고 말해야 할지도 모르겠어요.

We're on 47th and 7th avenue so you go down to the left.

지금 저희는 **47**번가와 **7**번가에 있으니까 왼쪽으로 내려가시면 돼요.

길을 알려줄 때는 현 위치에서 목적지까지 어떻게 갈지를 알려줘야겠죠. Go down to the left.라고 하면 '내려가서 왼쪽'이 아니라 '왼쪽으로 내려가라'는 의미예요. 만약 해당 목적지와 거리가 너무 멀다면 You've come too far.(지나쳐 왔군요) 또는 That's sort of far.(다소 먼 거리네요.) You took the wrong way.(길을 잘못 들었네요.)라고 말할 수 있어요.

Go down to the left **and turn right.**	왼쪽으로 내려가서 오른쪽으로 도세요.
You need to go straight and turn left.	똑바로 가서 왼쪽으로 도세요.
Please go down to the right.	오른쪽으로 내려가세요.

Drill 1

학습한 내용을 응용하여 영작해보세요.

1

_____

우리는 여기서 완전히 길을 잃었어요.　　　　　　보기 lost, we're, totally, here

2

_____

길을 물어봐도 될까요?　　　　보기 asking, you, directions, would, for, mind

3

_____

난 네가 어디에 있는지도 모르는데.　　　보기 where, are, don't, know, I, you, even

4

_____

난 44번가를 찾으려고 하는데요.　　　보기 to, Street, I'm, find, 44th, trying

5

_____

우린 47번가에 있으니 오른쪽으로 내려가세요.

보기 on, right, go, we're, to, so, 47th, down, the

Drill 2

영어를 가리고 한국어를 보면서 바로 말할 수 있는지 체크해보세요.

☐ 저 타임스퀘어는 처음인데 지금 길을 잃은 것 같아요.	It's my first time in Times Square and I'm totally lost.
☐ 길 안내 좀 도와주시겠어요?	Would you mind helping me with the directions?
☐ 어디 가려는 거예요?	Where are you trying to go?
☐ 지금 제가 어딘지도 잘 모르겠는데요.	I don't even know where I'm at right now.
☐ 44번가와 브로드웨이에 가려고 하거든요.	I'm trying to go to 44th Street and Broadway.
☐ 지금 저희는 47번가와 7번가에 있으니까 왼쪽으로 내려가시면 돼요.	We're on 47th and 7th avenue so you go down to the left.
☐ 왼쪽으로 내려가서 오른쪽으로 도세요.	Go down to the left and turn right.

 1 We're totally lost here. **2** Would you mind asking for directions? **3** I don't even know where you are. **4** I'm trying to find 44th Street. **5** We're on 47th, so go down to the right.

로컬 베이글 가게 방문하기

동네 베이글 가게를 방문한 리나. 과연 애나 선생님은 리나에게 어떤 미션을 줄까요?

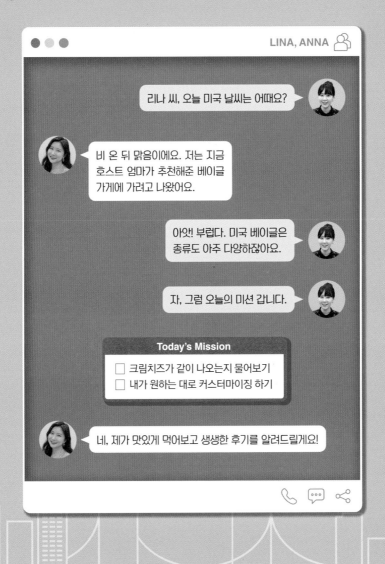

HLina	Hello.
Employee	Hi. What would you like?
Lina	May I have an Everything Bagel, but does it come with cream cheese?
Employee	Cream cheese is sold separately but with different flavors.
Lina	Oh, then I will have an Everything Bagel with tuna salad, onion, and lettuce and tomato and… American cheese, please.
Employee	All right. No problem. I'll call you when it's ready.
Lina	Thank you.

come with 딸려 있다　**sell separately** 따로 팔다　**different** 각양각색의, 각각 다른　**flavor** 맛
then 그러면　**all right** 알겠다　**no problem** 좋다[문제 없어]　**call** 부르다　**ready** 준비가 된

리나 안녕하세요.

직원 안녕하세요. 어떤 걸로 드릴까요?

리나 에브리싱 베이글을 하나 주세요. 그런데 크림치즈도 같이 나오나요?

직원 크림치즈는 따로 판매하고 있고요, 맛은 다양한 종류가 있어요.

리나 오, 그러면 에브리싱 베이글에 참치 샐러드, 양파, 양상추와 토마토 그리고 아메리칸 치즈를 넣어주세요.

직원 알겠습니다. 준비되면 불러드릴게요.

리나 감사합니다.

Mission Completed

리나가 어떻게 미션을 달성했는지 보세요.

☑ 크림치즈가 같이 나오는지 물어보기

Lina **May I have an Everything Bagel, but does it come with cream cheese?**

Employee **Cream cheese is sold separately but with different flavors.**

베이글을 주문했는데 크림치즈가 포함되는지 궁금하다면 Does it come with cream cheese?라고 말하면 되겠죠. 이제 다른 예를 말해보죠. '이 머핀 세트에 커피가 같이 나오나요?'라고 물어봅시다. 세트는 combo라고 표현하고 Does the muffin combo come with coffee?라고 하면 되겠죠. 하나 더 해보죠. '이 쿠키에 라테가 같이 나오나요?'는 Does this cookie come with latte?라고 말하면 됩니다.

☑ 내가 원하는 대로 커스터마이징 하기

Lina **Oh, then I will have an Everything Bagel with tuna salad, onion, and lettuce and tomato and… American cheese, please.**

Employee **All right. No problem.**

샌드위치나 햄버거 가게에 가면 내가 원하는 대로 빵, 고기, 채소를 커스터마이징 해서 주문할 수 있습니다. 이때는 〈I'll have~〉, 〈I'll go with~〉 또는 〈I'd like~〉로 문장을 시작해서 원하는 것들을 나열하면 됩니다. 공손하게 please도 넣어요. '블루베리 베이글에 양상추, 시금치, 모차렐라치즈를 넣어주세요.'는 I will have a blueberry bagel with lettuce, spinach and Mozzarella, please. '플레인 베이글에 달걀 샐러드, 햄, 오이 그리고 체다치즈를 넣어주세요.'는 I'll have a plain bagel with egg salad, ham, cucumber, and Cheddar cheese, please. '올리브만 빼고 다 넣어주세요.'는 I'd like to have everything except olives.

May I have an Everything Bagel, but does it come with cream cheese?

에브리싱 베이글 하나 주세요. 그런데 크림치즈도 같이 나오나요?

come with는 '~이 딸려 있다, 따라오다'라는 뜻으로 Can I have the Big Lunch combo, but does it come with a salad?는 '빅런치 세트로 주세요. 그런데 샐러드가 같이 딸려 나오나요?'의 의미가 돼요. come with를 '따라오다'라는 뜻으로 쓸 때는 Will you come with me?(나하고 함께 갈 거지?)라고도 쓸 수 있습니다.

This combo comes with bread and salad.
이 세트에는 빵과 샐러드가 같이 나온다.

Does this A combo come with dessert?
이 A세트에는 디저트가 나오나요?

I will have this coffee set, but does it come with cookies?
이 커피 세트로 주세요. 그런데 쿠키도 같이 나오나요?

Cream cheese is sold separately but with different flavors.

크림치즈는 따로 판매하고 있고요, 맛은 다양한 종류가 있어요.

flavor는 '풍미'라는 뜻으로, 혀로 느끼는 맛과 함께 시각적 요소와 향미, 풍미, 식감을 표현할 때 사용합니다. 냄새와 질감, 눈으로 예상해서 부드러운 맛일 때는 I like creamy flavor.(나는 부드러운 풍미를 좋아한다.)라고 하고, 진한 맛일 때는 The coffee has rich flavor.(커피는 풍부한 풍미를 가졌다.)라고 합니다. 또한 Anna loves garlic-flavored snack.(애나는 마늘 맛 과자를 좋아한다.), I like strawberry-flavored milk.(나는 딸기 맛 우유를 좋아한다.)라고 말할 수 있어요.

This soup has a rich, tangy flavor.　　　　이 스프는 톡 쏘는 맛이 풍부해요.

This bread has an onion flavor.　　　　　　이 빵은 양파 맛이 난다.

I'd like a mint-flavored ice cream, please.　　민트 맛 아이스크림 주세요.

➕ taste는 '맛, 미각'이라는 뜻으로, 단순히 혀로 느낄 수 있는 맛인 단맛, 짠맛, 신맛, 쓴맛을 뜻합니다.

This bagel tastes sweet.　　　　　　　　　이 베이글은 단맛이 난다.

All right. No problem.
알겠습니다.

주문이 끝나면 직원이 주문한 내용을 확인하죠. 이때 음식의 세트 구성이 있다면 '세트로 해줄까요?'라는 표현을 들을 수도 있어요. Would you like to make it a meal? 한국말로는 '세트'라고 하지만 meal 혹은 combo를 사용합니다. 또한 추가로 칩스나 음료를 권하는 경우도 있는데 Any chips or drink(s)?라고 합니다. 원한다면 Sure, I'll have a Sprite and chips.처럼 답하면 되고, 원하지 않는다면 No thanks. 또는 I'm good. I'm fine.이라고 대답할 수 있습니다.

Q: Any drinks?　　음료는 어떠세요?
A: Sure, I'll have a Coke.　　좋아요, 콜라 주세요.
Q: Would you like to make it a combo?　　세트로 해줄까요?
A: Yes, please.　　네, 좋아요.
Q: How about dessert?　　디저트는 어떠세요?
A: No thanks.　　괜찮아요.

I'll call you when it's ready.
준비되면 불러드릴게요.

보통 패스트푸드점에서는 음식을 가지러 가야 하죠. 그래서 대개 진동 벨로 부르거나 주문한 제품명 혹은 닉네임을 부릅니다. 이때 점원이 '부르다'라는 뜻의 call을 사용해서 I'll call you when it's ready.라고 말하는 걸 들을 수 있을 거예요. 특정한 픽업 장소가 있을 때는 You can pick them(it) up under the pick-up sign.(픽업이라고 써 있는 곳에서 가지고 가시면 됩니다.)이라고 합니다.

I'll call you when it's done.　　다 되면 불러드릴게요.
Please wait at the pick-up sign.　　픽업 사인이 있는 곳에서 기다려주세요.
You can pick it up there.　　저곳에서 가지고 가면 됩니다.

Drill 1

학습한 내용을 응용하여 영작해보세요.

1

_____

딸기 잼과 같이 나오나요?　　　　　　　　　　**보기** with, jam, come, does, strawberry, it

2

_____

아이스크림은 따로 판매하고 있고요, 맛은 다양한 종류가 있어요.

보기 different, but, sold, with, is, flavors, ice cream, separately

3

_____

에브리싱 베이글에 참치 샐러드와 토마토 넣어서 주세요.

보기 with, please, I, an Everything Bagel, have, tuna salad, tomato, and, will

4

_____

치즈 세트로 주실래요?　　　　　　　　　**보기** cheese, I, a, may, combo, have

5

_____

다 되면 불러드릴게요.　　　　　　　　　**보기** when, done, I'll, you, call, it's

Drill 2

영어를 가리고 한국어를 보면서 바로 말할 수 있는지 체크해보세요. 03 02

☐ 어떤 걸로 드릴까요?	What would you like?
☐ 에브리싱 베이글 하나 주세요. 그런데 크림치즈도 같이 나오나요?	May I have an Everything Bagel, but does it come with cream cheese?
☐ 알겠습니다.	All right. No problem.
☐ 준비되면 불러드릴게요.	I'll call you when it's ready.
☐ 세트로 해줄까요?	Would you like to make it a combo?
☐ 이 빵은 양파 맛이 난다.	This bread has an onion flavor.
☐ 이 A세트에는 디저트가 나오나요?	Does this A combo come with dessert?

정답 **1** Does it come with strawberry jam? **2** Ice cream is sold separately but with different flavors. **3** I will have an Everything Bagel with tuna salad and tomato, please. **4** May I have a cheese combo? **5** I'll call you when it's done.

30

직원에게 원두 추천받기

카페에 간 리나. 오늘은 어떤 미션에 도전할까요?

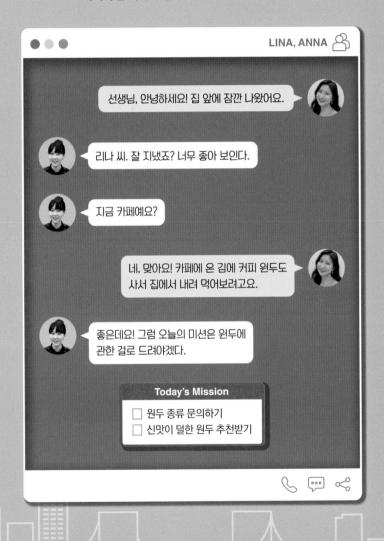

Live Talk

Lina	Hello.
Staff	Hi.
Lina	What kind of coffee beans do you guys have?
Staff	We use Koa beans from Hawaii and there's a Blue Mountain from Jamaica.
Lina	Which one is less acidic? I usually don't enjoy drinking acidic ones.
Staff	Then I would go with a Koa beans. They are more smooth and mellow than Blue Mountain.
Lina	Okay. I'll go with Koa then. May I have it as an iced Americano?
Staff	Sure, what size?
Lina	Small, please.
Staff	Sure, I'll call you when it's ready.
Lina	Thank you.
Staff	Thank you.

coffee bean 커피 원두 **less** 덜한, 더 적은 **acidic** 매우 신, 산성의 **smooth** 부드러운 **mellow** 풍부한, 익은, 달콤한

리나	안녕하세요.
직원	안녕하세요.
리나	어떤 종류의 원두가 있나요?
직원	하와이에서 온 코아 원두와 자메이카에서 온 블루 마운틴을 사용해요.
리나	어떤 게 산미가 적은가요? 저는 산미가 있는 걸 안 좋아해서요.
직원	그럼 코아 원두가 좋을 것 같아요. 블루 마운틴보다 부드럽고 풍부하거

든요.

리나	네. 그럼 코아로 할게요. 그걸로 아이스 아메리카노 한 잔 주시겠어요?
직원	네, 어떤 사이즈로 드릴까요?
리나	스몰로 주세요.
직원	네, 준비되면 알려드릴게요.
리나	감사합니다.
직원	감사합니다.

Mission Completed

리나가 어떻게 미션을 달성했는지 보세요.

☑ 원두 종류 문의하기

Lina **What kind of coffee beans do you guys have?**

Staff **We use Koa beans from Hawaii and there's a Blue Mountain from Jamaica.**

커피 원두를 구입하기 위해 리나는 우선 가게에 있는 원두 종류가 무엇인지를 우선 물었죠. What kind of coffee beans do you guys have?라고요. 원두를 추천받기 전에 이런 말을 추가해도 좋을 것 같아요. I'm here to buy coffee beans.(커피 원두 사러 왔는데요.) 그런 다음 원두를 추천받을 때는 이렇게 말할 수도 있어요. Could you recommend any coffee beans? 아니면, 간단하게 이렇게 말해볼까요? What would you recommend?

☑ 신맛이 덜한 원두 추천받기

Lina **Which one is less acidic? I usually don't enjoy drinking acidic ones.**

Staff **Then I would go with a Koa beans. They are more smooth and mellow than Blue Mountain.**

보통 신맛, 탄 맛, 고소한 맛 등 커피는 개개인에 따라 선호하는 맛이 다양하죠. 이렇게 카페에 가서 본인이 선호하는 커피 맛을 표현할 때는 I usually don't enjoy drinking acidic ones.라고 말할 수 있겠죠. 그럼 커피 맛을 표현하는 말을 좀 더 알아볼까요? 고소한 향은 nutty flavors라고 해서 '고소한 향의 커피를 즐겨 마셔요.'는 I usually enjoy drinking nutty flavors.라고 해요. 커피의 탄 맛은 smoky flavors라고 해서 '커피의 탄 맛이 싫어요.'는 I really hate smoky flavors.라고 해요. 또 '커피에서 신맛이 나요.'는 This tastes a little acidic.이라고 해요. acidic 자리에 다양한 형용사를 넣어서 커피 맛을 묘사할 수도 있습니다.

회화 실력을 업그레이드해주는 표현을 익혀보세요.

What kind of coffee beans do you guys have?

어떤 종류의 원두가 있나요?

커피 원두는 coffee bean이고 원두커피 분말은 ground coffee라고 합니다. 카페에 가면 다양한 메뉴를 볼 수 있는데요. 대표적인 몇 가지 메뉴의 발음을 알아볼까요? 발음을 제대로 하지 못해 주문에 어려움을 겪는 분도 있을 테니까요. Americano는 '아메리카노', latte는 '라테이', Cappuccino는 '카페치노' caramel은 '까라메일', vanilla는 '바닐라', hazelnut은 '헤이즐넛'이라고 발음해요.

Do you roast coffee beans here?
여기서 커피 원두를 볶으시나요?
Can you recommend coffee beans for today?
오늘의 커피 원두를 추천해주실래요?
These coffee beans are not fresh.
이 커피 원두는 신선하지 않네요.

➕ 커피광이나 커피를 좋아하는 사람은 뭐라고 말할까요? I'm a coffee drinker. 카페인에 중독된 사람은 caffeine habit이라고 해요. I should kick a caffeine habit.(카페인 습관을 버려야겠어요.) I'm addicted to caffeine.(나는 카페인에 중독됐어요.) '나 카페인이 필요해.'라고 표현하고 싶을 때는 관사를 쓰지 말고 I need caffeine. 또는 I need a caffein rush.(나 커피 한잔 마시고 확 정신 차려야겠어!)라고 말하면 됩니다.

Which one is less acidic?

어떤 게 산미가 적은가요?

'신맛'이라는 뜻의 영어 단어로 보통 sour를 알고 있죠. 하지만 본문에서 쓰는 acidic 역시 신맛을 뜻하고 '매우 신, 산성의'라는 의미를 가지고 있습니다. 그래서 '산미가 있는 커피를 좋아하지 않아요.'는 I don't like acidic coffee.라고 말할 수 있어요. 또 This coffee is bland.는 '커피 맛이 밍밍하다(싱겁다).'라는 말이니 알아두세요!

Some fruits are very acidic.
일부 과일은 매우 셔요.
How often do you drink acidic juice?
얼마나 자주 신 주스를 마시나요?
Acidic tastes are on the tip of my tongue.
신맛이 혀끝에서 느껴져요.

Sure, what size?

네, 어떤 사이즈로 드릴까요?

커피나 음료를 주문하게 되면 사이즈를 물어보죠. 가게마다 사이즈를 구분하는 용어가 다르지만 대체로 small, medium, large로 구분하고 short, tall, grande, venti 사이즈로도 구분합니다. 다음 대화와 같이 사이즈를 묻고 말할 수 있어요. 점원이 이렇게 묻겠죠. What size would you like?(어떤 사이즈로 하시겠어요?) 그러면 이렇게 대답할 수 있어요. I'll take a tall one please.(톨 사이즈로 주세요.) 카페에 가서 다양한 사이즈로 주문해보세요!

What size would you like? 어떤 사이즈로 드릴까요?
I'd like a large size please. 큰 사이즈로 주세요.
Would you like a grande size? 그란데 사이즈로 드릴까요?
➕ 카페에서 점원이 주문을 받을 때 할 수 있는 말을 더 알아볼까요?
What would you like today? 오늘 뭘로 하시겠어요?
Can I take your order? 주문하시겠어요?

Sure, I'll call you when it's ready.

네, 준비되면 알려드릴게요.

'준비가 된'이라는 뜻의 ready는 여기서는 '음료를 만드는 것이 준비되면'이라는 의미로 I'll call you when it's ready.(음료가 준비되면 알려드릴게요.)라고 말할 수 있어요.
커피를 주문할 때 여러 가지 물어보는 것들이 있어요. 예들 들어 프라푸치노에 휘핑크림을 올릴지 말지는 Do you want whip on Frappuccino?라고 물어요. 올릴 거면 Yes, of course.라고 하고, 원하지 않는다면 No, thanks.라고 해요. 조금만 올릴 거면 Just a little, please.라고 말하면 됩니다. 아니면 내가 따로 휘핑크림을 요청할 수 있겠죠. Can I get some whipped cream, please? 아니면 No whipped cream, please.라고요.

I'm ready when you are. 너만 좋다면 나는 준비 다 됐어.
Dinner is ready. 저녁 준비 다 됐어요!
I'm getting ready for work. 나는 출근할 준비를 하고 있어요.
➕ 추가로 카페에서 많이 보는 것들을 영어로 알아볼게요. 컵 뚜껑은 lid, 커피 컵 홀더는 sleeve, 음료 입구를 막는 초록색 스틱은 splash stick, 커피 젓는 스틱은 stir stick이라고 합니다.

1

_____

커피 원두 좀 추천해주실래요? **보기** any, could, beans, you, recommend, coffee

2

_____

저는 탄 맛이 나는 걸 안 좋아해서요. **보기** smoky, usually, flavors, don't, I, drinking, enjoy

3

_____

어떤 사이즈로 드릴까요? **보기** you, would, what, like, size

4

_____

큰 사이즈로 주세요. **보기** size, like, large, please, I'd, a

5

_____

음료가 준비되면 이름을 부를게요. **보기** when, ready, I'll, the, name, call, is, your, drink

☐ 어떤 종류의 원두가 있나요?	What kind of coffee beans do you guys have?
☐ 어떤 게 산미가 적은가요?	Which one is less acidic?
☐ 저는 산미가 있는 걸 안 좋아해서요.	I usually don't enjoy drinking acidic ones.
☐ 아이스 아메리카노 하나 주시겠어요?	May I have it as an iced Americano?
☐ 준비되면 알려드릴게요.	I'll call you when it's ready.
☐ 오늘의 커피 원두를 추천해주실래요?	Can you recommend coffee beans for today?
☐ 그란데 사이즈로 드릴까요?	Would you like a grande size?

정답 **1** Could you recommend any coffee beans? **2** I usually don't enjoy drinking smoky flavors. **3** What size would you like? **4** I'd like a large size please. **5** I'll call your name when the drink is ready.

영양제 심부름하기

약국에 간 리나. 오늘은 애나 선생님한테 어떤 미션을 받게 될까요?

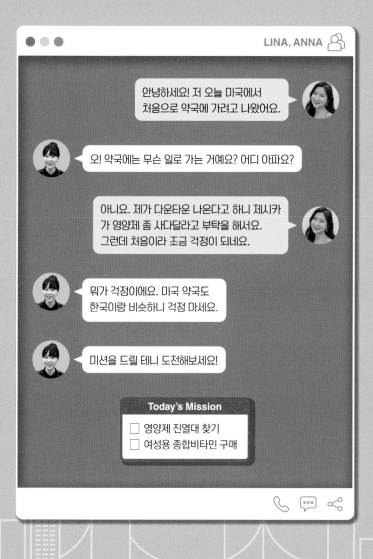

LINA, ANNA

> 안녕하세요! 저 오늘 미국에서 처음으로 약국에 가려고 나왔어요.

오! 약국에는 무슨 일로 가는 거예요? 어디 아파요?

> 아니요. 제가 다운타운 나온다고 하니 제시카가 영양제 좀 사다달라고 부탁을 해서요. 그런데 처음이라 조금 걱정이 되네요.

뭐가 걱정이에요. 미국 약국도 한국이랑 비슷하니 걱정 마세요.

미션을 드릴 테니 도전해보세요!

Today's Mission
- ☐ 영양제 진열대 찾기
- ☐ 여성용 종합비타민 구매

Lina	Excuse me. Hi. In which aisle can I find the nutritional supplements?
Pharmacist	Nutritional supplements. Those are on aisle 3. Come, I'll show you.
Lina	Great, thank you.
Pharmacist	Here they are.
Lina	Thank you. Also, do you have multi-vitamins for women?
Pharmacist	We do. However, I don't recommend taking a multi-vitamin for women. Essentially, I recommend taking vitamins A, C, and probiotics.
Lina	Thanks for your recommendations! I'll look around then!
Pharmacist	You are welcome. If you need anything else, I'll be around.
Lina	Thank you.

aisle 통로 **nutritional supplement** 영양(보조)제 **multi-vitamin** 종합비타민, 종합영양제
recommend 추천하다 **take** (약, 영양제 등을) 사용하다, 먹다 **essentially** 근본적으로 **probiotics**
프로바이오틱스, 유산균, 활생균 **recommendation** 추천 **look around** 둘러보다 **be around** 주변
에 있다

리나	저기, 안녕하세요. 영양제는 어느 통로에서 찾을 수 있나요?
약사	영양제요. 3번 통로에 있어요. 따라오세요, 보여드릴게요.
리나	좋아요, 감사합니다.
약사	여기 있어요.
리나	감사합니다. 여성을 위한 종합비타민도 있나요?
약사	있어요. 그런데 여성에게는 종합비타민을 추천하지 않아요. 비타민 A, C 그리고 유산균을 추천해 드려요.
리나	추천해주셔서 감사합니다. 둘러볼게요!
약사	천만에요. 다른 게 필요하시다면, 주변에 있을게요.
리나	감사합니다.

Mission Completed

리나가 어떻게 미션을 달성했는지 보세요.

☑ 영양제 진열대 찾기

Lina **Excuse me. Hi. In which aisle can I find the nutritional supplements?**

Pharmacist **Nutritional supplements. Those are on aisle 3. Come, I'll show you.**

Lina **Great, thank you.**

약국에서 여러 진열대 중 영양제가 어느 통로에 있는지를 물을 때는 In which aisle can I find the nutritional supplements?라고 말하면 돼요. 그럼, 건강 보조제를 한번 찾아볼까요? In which aisle can I find the health supplements? 아니면 현대인들의 필수품, 비타민을 찾아봐요. In which aisle can I find the vitamin supplements? 요즘 이것도 많이 찾으시던데요. 유산균 한번 찾아볼까요? In which aisle can I find the probiotics?

☑ 여성용 종합비타민 구매

Lina **Do you have multi-vitamins for women?**

Pharmacist **We do. However, I don't recommend taking a multi-vitamin for women.**

Essentially, I recommend taking vitamins A, C, and probiotics.

Lina **Thanks for your recommendations!**

여성을 위한 종합비타민이 있는지를 물어볼 때는 Do you have multi-vitamins for women? 이번에는 아이들을 위한 종합비타민으로 바꿔 말해볼까요? Do you have multi-vitamins for children? 아니면 구체적으로 비타민 D를 찾을 수도 있겠죠. Do you have vitamin D supplements?라고 말하면 됩니다. 만약 종류가 너무 많아서 직원의 추천을 받고 싶다면? Can you recommend the best kind of vitamin B supplements?는 '가장 좋은 비타민 B 영양제를 추천해주실 수 있을까요?'라는 뜻입니다.

In which aisle can I find the nutritional supplements?

영양제는 어느 통로에서 찾을 수 있나요?

명사 supplements는 '보조제, 보충제'라는 뜻으로, nutritional supplements라고 하면 '영양 보조제, 영양제'이고 '건강 보조제'는 health supplements, '식품 보조제'는 dietary supplements, '비타민 보충제'는 vitamin supplements이라고 합니다.

She bought a diet supplement.
그녀는 식이요법 보조제를 샀어요.
You should take some health supplements.
당신, 건강 보조제를 먹어야 할 것 같아요.
You have to take vitamin supplements all the time.
비타민제는 항상 복용해야 해요.

➕ 현대인은 건강에 신경을 많이 쓰죠. 이런 사람에게는 Are you health-conscious?(건강에 신경 많이 쓰시나요?)라고 말할 수 있어요. 좀 더 심한 사람은 health freak이라는 표현을 써요. I'm not a health freak, but I think I'm pretty health-conscious.(난 건강을 완전 신경 쓰는 사람은 아니지만 어느 정도는 신경 쓰는 것 같아요.)

Those are on aisle 3.

3번 통로에 있어요.

'통로, 복도'라는 뜻의 aisle은 '아일'로 발음되니 발음에 항상 주의해야 합니다. 대화문에서 '3번 통로에'를 on aisle 3라고 말했듯, 전치사 on을 써야 한다는 것도 알아두세요.

It's on aisle 8.　　　　　　　　　8번 통로에 있어요.
They're on aisle 11.　　　　　　　그것들은 11번 통로에 있어요.
All the vitamins are on aisle A5.　모든 비타민은 A5 통로에 있어요.

I don't recommend taking a multi-vitamin for women.

여성에게 종합비타민을 추천하지 않아요.

약이나 영양제를 '복용하다'라고 할 때는 take라는 동사를 사용해서 I take the medicine. I take lots of vitamins and supplements as well.(나는 약을 복용한다. 비타민과 영양제도 많이 먹는다.)이라고 말합니다.

You need to take 2 tablets before breakfast.
아침 식사 전에 2알을 복용하세요.

I'm taking medicine every day before I go to bed.
나는 잠자기 전에 매일 약을 먹어요.

Do you take vitamin D?
비타민 D를 복용하시나요?

➕ 다양한 영양제를 알아볼까요? calcium(칼슘), Omega-3(오메가 3), probiotics(유산균), evening primrose oil(달맞이꽃 오일), milk thistle(밀크 시슬) 등이 있습니다. 이런 보조제가 놀라운 효능을 가졌다고 할 때는 다음과 같이 표현할 수 있습니다.

Omega-3 does wonders.
오메가3는 훌륭한 효과가 있어요.

Probiotics have an amazing effect.
프로바이오틱스는 놀라운 효과가 있어요.

I'll look around then!

둘러볼게요!

'둘러보다, ~을 찾아 돌아다니다'라는 뜻인 look around는 쇼핑을 할 때 흔히 사용하는 표현입니다.

I'm just going to look around. 그냥 좀 둘러보려고요.
May I look around if you don't mind? 실례가 안 된다면 좀 둘러봐도 될까요?
Can I decide after looking around? 좀 둘러본 후에 결정해도 될까요?

Drill 1

학습한 내용을 응용하여 영작해보세요.

1

_____

비타민제들은 어느 통로에서 찾을 수 있나요?

보기 find, supplements, in, can, I, in, vitamin, which, the, aisle

2

_____

그것들은 11번 통로에 있어요.

보기 on, 11, they're, aisle

3

_____

아이들에게 오메가 3를 추천하지 않아요

보기 do, Omega 3, giving, not, children, I, recommend

4

_____

그냥 좀 둘러보려고요.

보기 look, just, to, around, I'm, going

5

_____

모든 비타민은 A5 통로에 있어요.

보기 are, A5, all, aisle, on, the, vitamins

Drill 2

영어를 가리고 한국어를 보면서 바로 말할 수 있는지 체크해보세요.

☐ 영양제는 어느 통로에서 찾을 수 있나요?	In which aisle can I find the nutritional supplements?
☐ 3번 통로에 있어요.	Those are on aisle 3.
☐ 여성을 위한 종합비타민도 있나요?	Also, do you have multi-vitamins for women?
☐ 여성에게 종합비타민을 추천하지 않아요.	I don't recommend taking a multi-vitamin for women.
☐ 추천해주셔서 감사합니다.	Thanks for your recommendations!
☐ 둘러볼게요!	I'll look around then!
☐ 좀 둘러본 후에 결정해도 될까요?	Can I decide after looking around?

 1 In which aisle can I find the vitamin supplements? **2** They're on aisle 11. **3** I do not recommend giving children Omega 3. **4** I'm just going to look around. **5** All the vitamins are on aisle A5.

카페 음료 커스터마이징 하기

예쁜 디저트 카페에 온 리나. 오늘은 애나 선생님에게서 어떤 미션을 받게 될까요?

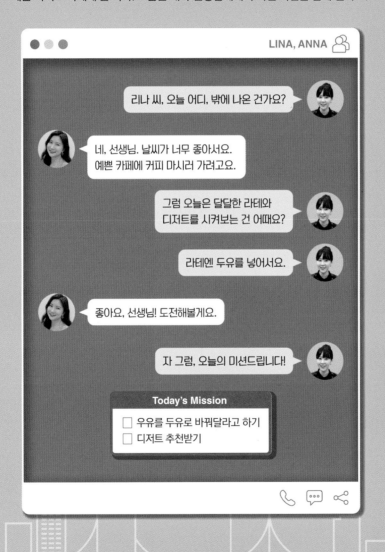

LINA, ANNA

리나 씨, 오늘 어디, 밖에 나온 건가요?

네, 선생님. 날씨가 너무 좋아서요.
예쁜 카페에 커피 마시러 가려고요.

그럼 오늘은 달달한 라테와
디저트를 시켜보는 건 어때요?

라테엔 두유를 넣어서요.

좋아요, 선생님! 도전해볼게요.

자 그럼, 오늘의 미션드립니다!

Today's Mission
- [ ] 우유를 두유로 바꿔달라고 하기
- [ ] 디저트 추천받기

Live Talk

Staff	Hey, hello. How are you today?
Lina	Hello, how are you?
Staff	I'm good. How are you doing?
Lina	I'm good.
Staff	What can I get you?
Lina	Oh, Rose Matcha latte sounds really good. Can I get a large iced Rose Matcha latte please?
Staff	Got it, what kind of milk would you like to have?
Lina	What kind of milk do you have?
Staff	I have whole milk, skim, almond, soy, oat milk.
Lina	Soy milk please.
Staff	Soy milk, it is. Anything need?
Lina	Ooooh, these are so pretty, I have to get one. Oh, Blushing. Passion fruits cream and light cheesecake mousse. That sounds amazing. I will go with Blushing.
Staff	One blushing. Would you like a macaroon today?
Lina	Yes, what's your favorite?
Staff	My personal favorite lately has been the strawberry lemonade.
Lina	I'll go with that.
Staff	You got it. Stay here or to go?
Lina	Do you mind if I sit out there?
Staff	Yeah, of course. Have a seat, and I'll bring your food right out to you, one second.
Lina	Perfect. Thank you.

get 받다 **iced** 얼음을 넣은 **what kind of** 어떤, 어떤 종류의 **whole milk** 일반 우유 **skim milk** 탈지유 **soy** 콩(soy milk 두유) **oat** 귀리로 만든, 귀리가 든 **need** 필요로 하다 **go with** 고르다, 선택하다 **personal** 개인적인 **favorite** 매우 좋아하는, 선호하는 **lately** 최근에, 요즘 **mind** 꺼려하다 **sit** 앉다(=have a seat) **bring** 가져오다 **right** 바로 **perfect** 완벽한(Perfect. 좋아요.)

직원	안녕하세요.
리나	안녕하세요, 잘 지내세요?
직원	잘 지내요. 어떻게 지내세요?
리나	잘 지내요.
직원	무엇을 드릴까요?
리나	로즈 말차 라테가 좋을 것 같은데요. 아이스 로즈 말차 라테 라지로 하나 주시겠어요?
직원	알겠습니다. 우유는 어떤 걸로 하시겠어요?
리나	우유는 어떤 종류가 있나요?
직원	일반 우유, 탈지유, 아몬드 우유, 두유, 귀리 우유가 있어요.
리나	두유로 주세요.
직원	두유로 하시고, 더 필요한 것 있으세요?

리나	와, 이것들 너무 예쁘다. 하나 사야겠어요. 오, 블러싱도 있네. 패션푸르츠 크림과 라이트 치즈 케이크 무스도 있다. 맛있겠어요. 블러싱 주세요.
직원	블러싱 하나. 오늘 마카롱은 어떠세요?
리나	좋아요, 어떤 맛을 제일 좋아하세요?
직원	개인적으로 요즘 스트로베리 레모네이드를 좋아해요.
리나	그걸로 할게요.
직원	알겠습니다. 드시고 가세요? 아니면 테이크아웃인가요?
리나	밖에 앉아도 괜찮을까요?
직원	네, 당연하죠. 앉아 계시면 바로 준비해서 가져다드릴게요.
리나	좋아요. 감사합니다.

Mission Completed

리나가 어떻게 미션을 달성했는지 보세요.

☑ 우유를 두유로 바꿔달라고 하기

Staff **What kind of milk would you like to have?**

Lina **What kind of milk do you have?**

Staff **I have whole milk, skim, almond, soy, oat milk.**

Lina **Soy milk, please.**

주문할 때 점원에게 무언가를 달라고 하고 싶을 땐 〈물건 + please〉 패턴을 사용합니다. Americano, please. 혹은 Sugar, please.라고 말하면 돼요. 참고로 우유를 먹으면 배가 아픈 젖당 분해 효소 결핍증이 있는 분들은 lactose-free milk를 주문하면 되는데, Do you have lactose-free milk?라고 물어보면 됩니다.

☑ 디저트 추천받기

Staff **Would you like a macaroon today?**

Lina **Yes,** what's your favorite?

Staff **My personal favorite lately has been the strawberry lemonade.**

Lina **I'll go with that.**

음식을 추천받고 싶을 때는 favorite을 사용해서 물어볼 수 있습니다. What's your favorite? 둘 다 알고 있는 물건에 대해서 이야기할 때는 굳이 반복적으로 명사를 쓰지 않아도 돼요. 직원이 추천해준 걸로 하겠다면 I'll go with that.이라고 말하면 됩니다.

Can I get a large iced Rose Matcha latte please?

아이스 로즈 말차 라테 라지로 하나 주시겠어요?

커피는 기본이 뜨거운 hot이기 때문에 차갑게 아이스 커피를 마시고 싶다면 ice coffee가 아닌 iced coffee라고 말해야 됩니다. iced는 '차게 식힌, 얼음을 넣은'이라는 뜻이에요. 그러므로 '아이스 티 하나 주시겠어요?'는 Can I get an iced tea please?라고 말하면 됩니다.

I want a tall glass of iced caramel latte.
아이스 카라멜 라테를 큰 사이즈로 한 잔 주세요.

Can you make an iced tea for me?
아이스 티 한 잔 만들어줄 수 있나요?

Would you like iced coffee or hot?
아이스 커피로 드릴까요, 뜨거운 커피로 드릴까요?

I have whole milk, skim, almond, soy, oat milk.

일반 우유, 탈지유, 아몬드 우유, 두유, 귀리 우유가 있어요.

우유에는 여러 종류가 있어요 일반 우유인 whole milk가 있고 지방을 좀 뺀 우유인 low-fat milk이나 skim milk가 있습니다. skim milk는 skimmed milk라고도 하니 알아두세요. 아예 지방을 완전히 뺀 무지방 우유는 non-fat milk 또는 fat-free milk라고 해요. 앞에서 언급한 젖당이 없는 우유는 lactose-free milk라고 하죠.

I only drink skim milk.
나는 탈지유만 마셔요.

She's on a diet so she wants skim milk.
그녀는 다이어트 중이라 탈지유를 원해요.

Where can I find skim milk?
탈지유는 어디에 있나요?

My personal favorite lately has been the strawberry lemonade.

개인적으로 요즘 스트로베리 레모네이드를 좋아해요.

부사 lately는 '최근에'라는 뜻을 가지고 있어요. 부사와 형용사 둘 다 되는 late의 '늦게, 늦은'
이라는 의미와 헷갈려서 lately를 '늦게'라는 뜻으로 생각하는 사람이 많습니다. lately는 부사
로 '최근에'라는 의미라는 걸 잊지 마세요!

I haven't heard from her lately.	나는 최근에 그녀의 소식을 듣지 못했어.
They had lately **returned from the US.**	그들은 얼마 전에 미국에서 돌아왔다.
The book I read lately **is a mystery.**	요즘 읽는 책은 미스터리 물이다.

Do you mind if I sit out there?

밖에 앉아도 괜찮을까요?

'나 ~해도 될까요?'라는 표현입니다. 대답할 때는 그 일이 꺼려지지 않는다면 '아니, 신경 안 써,
괜찮아.'라는 의미로 No, I don't mind.나 Not at all.이라고 해요. 반대로 꺼려진다면 '응 신
경 쓰여, 안돼.'라는 의미로 Yes, I do. I mind.라고 대답하면 됩니다. 문법상으로는 No.라고
말하는 게 맞지만, 대화문에서처럼 Yeah, of course.와 같은 긍정이 허락을 뜻합니다.

Do you mind if I leave early?	일찍 나가도 될까요?
Do you mind if I open the window?	창문 열어도 될까요?
Do you mind if I join you?	여기 앉아도 될까요?

Have a seat, and I'll bring your food right out to you, one second.

자리에 앉아 계시면 바로 준비해서 가져다 드릴게요.

'여기 앉으세요.'라는 뜻의 Sit here.는 한국말로 하면 괜찮지만 영어로 말하면 좀 무례하게 들
려요. 그래서 이럴 때는 Have a seat. 또는 Take a seat.이라고 말하는 게 좋습니다.

Thank you for coming. Please have a seat.	와주셔서 감사합니다. 앉으세요.
Please have a seat and wait for a while.	여기 앉아 잠깐 기다리세요.
Come in and have a seat.	들어와 앉으세요.

Drill 1

1

_____

차가운 물 한 잔 주시겠어요?　　　　　　　**보기** an, please, I, iced, get, water, can

2

_____

탈지유와 무지방 우유가 있어요.　　　　　　**보기** fat-free, and, milk, have, skim, I

3

_____

개인적으로 요즘 초콜릿 퍼지를 좋아해요.

보기 favorite, chocolate fudge, personal, lately, my, been, has, the

4

_____

창가에 앉아도 괜찮을까요?　　　　　　**보기** if, you, window, do, by, I, the, mind, sit

5

_____

자리에 앉아 계시면 바로 준비해서 가져다 드릴게요.

보기 bring, right, have, and, I'll, away, it, to, a, you, seat

Drill 2

영어를 가리고 한국어를 보면서 바로 말할 수 있는지 체크해보세요.

☐ 우유에는 어떤 종류가 있나요?	What kind of milk do you have?
☐ 두유로 할게요.	Soy milk, please.
☐ 뭘 제일 좋아하세요?	What's your favorite?
☐ 그걸로 할게요.	I'll go with that.
☐ 아이스 말차 라떼 하나 주시겠어요?	Can I get an iced Matcha latte please?
☐ 일반 우유, 탈지유, 두유가 있어요.	I have whole milk, skim, soy milk.
☐ 개인적으로 요즘 스트로베리 레모네이드를 좋아해요.	My personal favorite lately has been the strawberry lemonade.

 1 Can I get an iced water please? **2** I have skim and fat-free milk. **3** My personal favorite lately has been the chocolate fudge. **4** Do you mind if I sit by the window? **5** Have a seat, and I'll bring it to you, right away.

동네 맛집 예약하기

예전에 가지 못한 맛집을 예약하려고 하는 리나. 오늘은 어떤 미션을 받게 될까요?

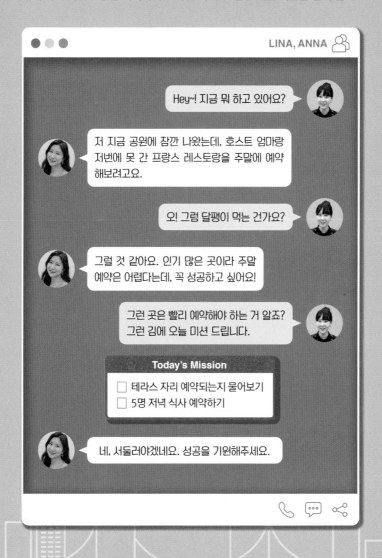

LINA, ANNA

Hey~! 지금 뭐 하고 있어요?

저 지금 공원에 잠깐 나왔는데, 호스트 엄마랑 저번에 못 간 프랑스 레스토랑을 주말에 예약해보려고요.

오! 그럼 달팽이 먹는 건가요?

그럴 것 같아요. 인기 많은 곳이라 주말 예약은 어렵다는데, 꼭 성공하고 싶어요!

그런 곳은 빨리 예약해야 하는 거 알죠? 그런 김에 오늘 미션 드립니다.

Today's Mission
- ☐ 테라스 자리 예약되는지 물어보기
- ☐ 5명 저녁 식사 예약하기

네, 서둘러야겠네요. 성공을 기원해주세요.

Receptionist	Hello, this is Hudson Terrace, how may I help you?
Lina	Hello, I'd like to **make a reservation**. Is it possible to make a terrace seating?
Receptionist	I'm sorry, you keep **cutting out**. Can you say that again?
Lina	Oh, sorry. The reception must be bad in here. I'd like to make a reservation possibly in a terrace seating, please.
Receptionist	No problem. When and how many?
Lina	Tuesday for 5 people, **at** 6 p.m.
Receptionist	Hmmm, we only have openings for 6:30 p.m. Is that okay?
Lina	That **should** be fine. Thank you.
Receptionist	Great, see you then.
Lina	Bye, thank you!

make a reservation 예약하다   **possible** 가능한   **terrace seating** 테라스 자리   **keep cutting out** (전화가) 뚝뚝 끊기다   **reception** 접수처, (전화 등의) 수신 상태   **possibly** 가능하면   **have an opening** 빈 자리가 있다   **great** 좋다, 훌륭하다 (Great. 좋아요. 대단해요.)   **then** 그때

접수 담당자	안녕하세요, 허드슨 테라스입니다. 어떻게 도와드릴까요?
리나	안녕하세요, 예약하고 싶은데요. 테라스 자리 예약할 수 있을까요?
접수 담당자	죄송합니다, 전화가 계속 끊기네요. 다시 말해주실 수 있나요?
리나	죄송해요. 여기 전화가 잘 안 되나봐요. 예약하고 싶은데요, 가능하면 테라스 자리로요.
접수 담당자	문제없어요. 언제, 몇 명이신가요?
리나	화요일 5명, 저녁 6시요.
접수 담당자	흠, 저녁 6시 30분 자리밖에 없는데. 괜찮으신가요?
리나	괜찮을 거예요. 감사합니다.
접수 담당자	좋아요, 그때 뵐게요.
리나	안녕히 계세요, 감사합니다!

Mission Completed

리나가 어떻게 미션을 달성했는지 보세요.

☑ 테라스 자리 예약되는지 물어보기

Receptionist **Hello, this is Hudson Terrace, how may I help you?**

Lina **Hello, I'd like to make a reservation. Is it possible to make a terrace seating?**

식당을 예약할 때 특정한 자리를 꼭 집어 예약하고 싶을 때가 있죠. 보통 창가 자리인 window seat, 테라스 자리인 terrace seat 그리고 방인 room이 있죠. 원하는 자리가 가능한지 물어보려면 〈Is it possible to + 동사~?〉라고 해서 '~하는 게 가능하나요?'의 형태로 물으면 돼요. 자, 이제 말해볼까요? Is it possible to reserve a window seat?이라고 하면 돼요. to 다음엔 꼭 동사가 와야 한다는 것을 잊지 마세요.

☑ 5명 저녁 식사 예약하기

Receptionist **No problem. When and how many?**

Lina **Tuesday for 5 people, at 6 p.m.**

Receptionist **Hmmm, we only have openings for 6:30 p.m. Is that okay?**

5명 자리를 예약해야 하니까 전치사 for(~을 위해)를 앞에 넣어서 'for five people'이라고 말해요. 2명은 for two people이라고 하면 되겠죠. 이제 몇 시에 예약할지가 남았네요. 시간 앞에는 전치사 at(~에)을 넣어서 at six p.m.이라고 하면 됩니다. 이때 오전과 오후를 구분하기 위해서는 a.m.(오전) 혹은 p.m.(오후)을 말해주세요.

Hello, I'd like to make a reservation.

안녕하세요, 예약하고 싶은데요.

make a reservation은 '예약하다'라는 뜻으로 동사 reserve나 book과 같은 뜻이에요. 하지만 reserve나 book 뒤에는 꼭 명사를 붙여야 '~을 예약하다'는 뜻을 표현할 수 있습니다. I like to reserve a table.이라고 하면 '한 자리를 예약하고 싶은데요.'라는 뜻이에요.

I'd like to make a reservation for four.
4명으로 예약해주세요.

Can I make a reservation for tonight?
오늘 저녁에 예약 가능한가요?

Do you want me to make a reservation for you?
제가 대신 예약을 해드릴까요?

➕ reserve와 book을 활용한 문장도 볼까요?

I'd like to reserve a table for two.
두 사람이 식사할 테이블을 예약하고 싶어요.

He booked a double room.
그는 더블룸을 예약했다.

I'm sorry, you keep cutting out.

죄송합니다. 전화가 계속 끊기네요.

cut out은 '갑자기 서다, 끊기다, 멎다'라는 뜻으로, 여기서는 전화 수신이 끊기는 것을 말해요. 그런데 이 문장에서는 왜 cut out이 아니라 cutting out이라고 쓴 걸까요? 그것은 문장에 keep이라는 동사가 있기 때문이죠. 하늘에 해가 2개일 수 없듯이 문장에도 동사가 2번 들어갈 수 없어요. 그래서 keep 다음에 오는 동사에 –ing를 붙여 형태를 바꿔주었답니다. '전화가 끊겨서 들려.'의 다른 표현으로는 You're breaking up.도 있습니다.

The Wi-Fi is cutting out. 와이파이가 끊기네요.
My phone keeps cutting out. 내 전화가 계속 끊겨요.
Your voice is cutting out. 당신 목소리가 끊기네요.

Tuesday for 5 people, at 6 p.m.

화요일 5명, 저녁 6시요.

시간 앞에 붙는 전치사에는 at, in, on이 있습니다.

우선 in은 넓은 범위의 시간을 나타내는데요. 때, 월, 계절, 연도 앞에 들어가서 in the morning, in the past, in June, in spring, in 2021의 형태로 쓰여요. on은 요일이나 날짜 또는 특정한 날 앞에 붙는 전치사로 on Monday, on May 5th, on my day off, on Christmas와 같은 형태로 쓰입니다. at은 시각 앞에 붙어서 at three thirty, at eleven o'clock, at 8 p.m.의 형태로 쓰여요. 하지만 예외로 at noon, at night이 있다는 것을 꼭 외워주세요!

그리고 in 5 minutes라고 하면 대부분 5분 안이라고 생각하지만 5분 후라는 점! '5분 안에'라는 의미를 말하고 싶을 때는 within이라는 전치사를 사용하면 됩니다.

I was born in 2001.
나는 2001년에 태어났어요.

We have an exam on June 17th.
우린 6월 17일에 시험이 있어요.

She's going to meet her friend at 10 a.m.
그녀는 친구를 오전 10시에 만나기로 했어요.

That should be fine. Thank you.

괜찮을 거예요. 감사합니다.

'~일 것이다'의 의미인 should는 권유와 충고 말고 추측에도 사용할 수 있는데요. 이때 추측은 70% 정도 확신의 뉘앙스를 가집니다. It should be cold.라고 하면 추울 거라는 것을 100% 확신하지는 않지만 70% 정도는 예상하는 거죠.

Anna should be back soon.   애나는 조만간 올 거예요.
It should rain tomorrow.   내일 비가 올 예정이에요.
We should arrive ahead of time.   우리는 예정보다 일찍 도착할 수 있을 거예요.

Drill 1

학습한 내용을 응용하여 영작해보세요.

1

_____

테이블을 예약하고 싶어요.　　　　　　　　**보기** a, like, table, I'd, reserve, to

2

_____

창가 자리를 예약할 수 있을까요?　　**보기** seat, to, it, window, get, is, a, by, possible, the

3

_____

인터넷이 계속 끊기네요.　　　　　　　**보기** out, keeps, the, Internet, cutting

4

_____

월요일 4명, 오전 11시 반이요.　　**보기** at, a.m., four, eleven thirty, for, Monday, people

5

_____

괜찮을 것 같아요.　　　　　　　　　　**보기** be, that, okay, should

Drill 2

영어를 가리고 한국어를 보면서 바로 말할 수 있는지 체크해보세요. 07 02

☐ 테라스 자리를 예약할 수 있을까요?	Is it possible to make a terrace seating?
☐ 화요일 5명, 저녁 6시요.	Tuesday for 5 people, at 6 p.m.
☐ 예약하고 싶은데요.	I'd like to make a reservation.
☐ 죄송합니다, 전화가 계속 끊기네요.	I'm sorry, you keep cutting out.
☐ 나는 2001년에 태어났어요.	I was born in 2001.
☐ 우린 6월 17일에 시험이 있어요.	We have an exam on June 17th.
☐ 괜찮을 거예요. 감사합니다.	That should be fine. Thank you.

 정답 **1** I'd like to reserve a table. **2** Is it possible to get a seat by the window? **3** The Internet keeps cutting out. **4** Monday for four people, at eleven thirty a.m. **5** That should be okay.

세탁소에 옷 맡기기

세탁소에 간 리나. 오늘은 어떤 미션에 도전할까요?

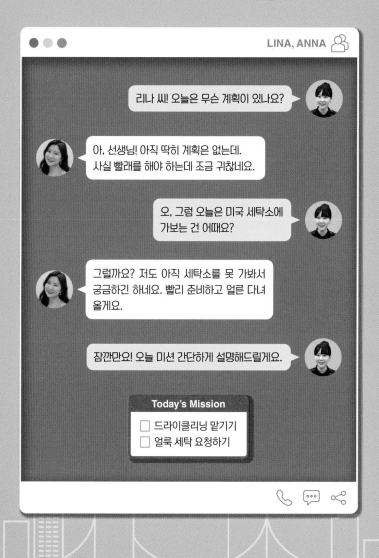

Owner	Hi, good morning.
Lina	Good morning. I'd like to drop off these clothes for dry cleaning.
Owner	Sure. How many garments?
Lina	Um… 2 blouses and 3 dresses. Oh, but this one has a stain on it. Will you be able to remove this?
Owner	Do you know what it is?
Lina	I believe this one was a coffee stain from last week.
Owner	Sure, no problem. Is that it?
Lina	Yes. Um… When should I pick it up?
Owner	It will take 3~4 days.
Lina	Oh, is it possible to get it done earlier? I really need to wear one of the dresses in 2 days.
Owner	In that case, I can get it done for tomorrow afternoon.
Lina	That would be awesome. Thank you.
Owner	You're welcome.

---

drop off (옷을) 맡기다   **clothes** (여러 벌[장]의) 옷, 의복   **garment** (한 벌[장]의) 옷, 의복   **stain** 얼룩
remove 지우다   **pick up** ~을 찾다[찾아오다]   **take** (시간이) 걸리다, 들다   **get it done** 끝내다, 받다, 다
해내다

사장	안녕하세요, 좋은 아침이에요.	리나	네. 음… 언제 찾으러 오면 될까요?
리나	좋은 아침이에요. 이 옷들 드라이클리닝을 맡기고 싶은데요.	사장	3~4일 정도 걸려요.
사장	그래요. 몇 벌인가요?	리나	혹시 더 일찍 받을 수는 없나요? 이틀 뒤에 이 원피스를 꼭 입어야 해서요.
리나	음… 블라우스 두 벌이랑 원피스 세 벌이요. 아, 이건 얼룩이 있어요. 지울 수 있나요?	사장	그렇다면, 내일 오후까지 해드릴게요.
사장	무슨 얼룩인지 아시나요?	리나	좋아요. 감사합니다.
리나	지난주에 생긴 커피 자국 같아요.	사장	천만에요.
사장	네, 문제 없어요. 이게 끝인가요?		

Mission Completed

리나가 어떻게 미션을 달성했는지 보세요.

☑ 드라이클리닝 맡기기

Lina **Good morning. I'd like to drop off these clothes for dry cleaning.**

Owner **Sure. How many garments?**

세탁소에 가서 드라이클리닝을 맡기러 왔다고 말할 때는 I'd like to drop off these clothes for dry cleaning.이라고 해요. 구체적으로 '치마를 드라이클리닝 맡기러 왔어요.'는 I'd like to drop my skirt for dry cleaning. '코트를 드라이클리닝 맡기러 왔어요.'는 I'd like to have this coat dry-cleaned. 이처럼 for dry cleaning 대신에 something dry-cleaned라고 말해도 됩니다! 아니면 간단하게 이렇게 말해볼까요? I'm here to get this stuff cleaned.(이거 세탁 맡기러 왔어요!)

☑ 얼룩 세탁 요청하기

Lina **Um… 2 blouses and 3 dresses. Oh, but this one has a stain on it. Will you be able to remove this?**

Owner **Do you know what it is?**

옷에 묻은 얼룩을 지워달라고 요청할 때는 어떻게 말할까요? This one has a stain on it. Will you be able to remove this? 또는 There is a stain on it. Can you remove this? 주머니에 얼룩이 여러 개 있다면? There are stains on the pocket, can you remove these? 간단하게 can을 써서 말할 수도 있어요. Can you clean this stain?(이 얼룩 좀 세탁해주시겠어요?)

I'd like to drop off these clothes for dry cleaning.

이 옷들 드라이클리닝을 맡기고 싶은데요.

---

drop off

drop off는 '내려주다'라는 의미로 I'll pick you up and drop you off at hotel.(널 픽업한 후에 호텔에 내려줄게.)이라고 표현할 수 있어요. 또 다른 의미로 '옷을 맡기다'도 있어요. I dropped my clothes off at the laundry.(세탁소에 내 옷가지들을 맡기고 왔어요.) 이렇게도 표현할 수 있습니다.

Did you drop off your laundry?
빨래를 맡겼나요?

She dropped off her suit at the laundry.
그녀는 그녀의 정장을 세탁소에 맡겼어요.

I have to drop off his shirts for dry cleaning.
그의 셔츠들을 드라이클리닝 맡겨야 해요.

➕ clothes는 '옷, 의복'이라는 뜻으로 셔츠, 드레스, 바지 등과 같은 일반적인 옷을 말해요. 그리고 항상 복수로 씁니다. 그럼 clothing은 무슨 뜻일까요? clothing은 '옷의 종류'을 뜻해서 셔츠류, 바지류 등의 집합적인 의미를 가지고 있습니다.

---

dry cleaning

세탁소는 laundry, dry cleaner's, the cleaner's라고 말하고 세탁소에서는 dry cleaning(드라이클리닝)을 해주죠. 그래서 I'd like to have these clothes dry-cleaned.(이 옷들을 드라이클리닝하고 싶어요.)라고 말할 수 있어요. 옷이 세탁되어야 하기 때문에 수동형인 과거완료를 사용해서 have dry-cleaned라고 합니다.

He'll pick up his dry cleaning.
그는 그의 드라이클리닝 옷을 찾을 거예요.

These clothes need to be dry-cleaned.
이 옷들은 드라이클리닝이 필요해요.

I'm here to drop off my clothes for dry cleaning.
내 옷을 드라이클리닝 맡기려고 왔어요.

Oh, but this one has a stain on it.

아, 이건 얼룩이 있어요.

stain은 '얼룩'이라는 뜻으로, 셀 수 있는 명사라서 There is a stain on it. There are stains on the front.와 같이 단수나 복수 형태로 쓸 수 있습니다.

You have a stain on your blouse.   당신 블라우스에 얼룩이 있네요.
I'd like to get this stain out.   이 얼룩 좀 지워주세요.
Could you get rid of this stain?   이 얼룩 좀 제거해주실래요?

Will you be able to remove this?

지울 수 있나요?

be able to도 can과 같이 '~할 수 있다'라는 의미입니다. 그럼 왜 본문에서는 can을 쓰지 않고 be able to를 썼을까요? 그것은 can과 will은 둘 다 조동사이기 때문이에요. 한 문장에 조동사 2개를 쓸 수 없죠. 그래서 will과 can이 같이 올 때는 can 대신 be able to를 사용합니다.

Will you be able to come to the party?   그 파티에 올 수 있나요?
You won't be able to see a movie tomorrow.   내일 영화를 볼 수 없을 거예요.
Will I be able to ride a roller coaster?   롤러 코스터를 탈 수 있을까요?

When should I pick it up?

언제 찾으러 오면 될까요?

같은 표현으로 should 대신 can을 사용해서 문장을 만들 수도 있습니다. When can I pick it up? 이렇게요. 옷을 맡기면서 언제까지 해달라고 요청할 수도 있겠죠. 그 표현은 Could you have it done by next Monday?(다음 주 월요일까지 해주실 수 있나요?), Could you wash these clothes by the day after tomorrow?(이 옷들을 모레까지 세탁 가능할까요?) 와 같이 말할 수 있습니다.

What should I do?   내가 어떻게 하면 될까요?
Why should I apologize?   내가 왜 사과를 해야 하나요?
Where should I pick you up?   널 어디로 데리러 갈까?

Drill 1

학습한 내용을 응용하여 영작해보세요.

1

_____

코트를 드라이클리닝 맡기러 왔어요.　　　　**보기** this, like, dry-cleaned, I'd, have, to, coat

2

_____

제 블라우스에 얼룩이 있어요.　　　　**보기** on, my, it, blouse, stain, has, a

3

_____

이 얼룩 좀 제거해주실래요?　　　　**보기** get, this, could, of, stain, you, rid

4

_____

언제 찾으러 오면 될까요?　　　　**보기** up, when, it, can, pick, I

5

_____

모레까지 해드릴게요.　　　　**보기** day, can, tomorrow, I, by, get, done, the, it, after

Drill 2

영어를 가리고 한국어를 보면서 바로 말할 수 있는지 체크해보세요. 08 02

☐	이 옷들을 드라이클리닝 맡기고 싶은데요.	I'd like to drop off these clothes for dry cleaning.
☐	이건 얼룩이 있어요.	This one has a stain on it.
☐	지울 수 있나요?	Will you be able to remove this?
☐	언제 찾으러 오면 될까요?	When should I pick it up?
☐	혹시 더 일찍 받을 수는 없나요?	Oh, is it possible to get it done earlier?
☐	내일 오후까지 해드릴게요.	I can get it done for tomorrow afternoon.
☐	빨래를 맡겼나요?	Did you drop off your laundry?

정답 **1** I'd like to have this coat dry-cleaned. **2** My blouse has a stain on it. **3** Could you get rid of this stain? **4** When can I pick it up? **5** I can get it done by the day after tomorrow.

친구 집들이 선물 사기

친구 집들이 선물을 사기 위해 마트에 온 리나. 오늘은 어떤 미션을 받게 될까요?

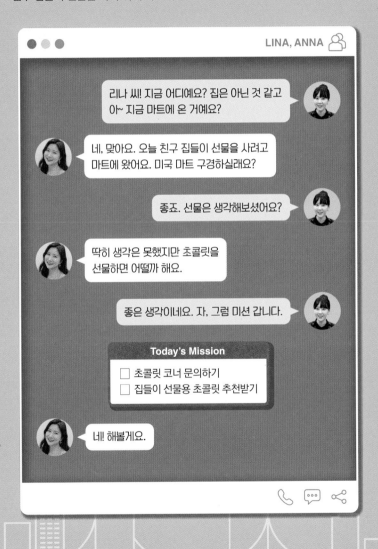

Live Talk

오늘의 대화문을 귀 기울여 들어보세요.

Lina	Hi, excuse me.
Staff	Hello.
Lina	Do you guys have some chocolate?
Staff	Oh, we have chocolate bars in front of the cashier.
Lina	Oh, but I'm actually looking for a box of chocolates.
	Do you guys have those?
Staff	In that case, you go to our gift section.
	Do you see those cookies over there?
	It's on the other side of that section.
Lina	Oh, okay.
Staff	Actually, I will show you.
Lina	Oh, thank you so much!
Lina	So… It's for my friend's housewarming party.
	Which box of chocolates would you recommend?
Staff	If that's the case, this one should be perfect.
Lina	Oooh, looks great. Thank you. Have a nice day.
Staff	Thank you.

you guys 당신들, 여러분, 너네 **in front of** ~앞(쪽)에 **cashier** 계산대 **look for** (무엇인가를) 찾다 **a box of** 한 상자[통] **in that case** 그런 경우에는 **gift section** 선물 코너 **over there** 저기, 저쪽에 **the other side of** ~의 반대편 **house warming party** 집들이 **recommend** 추천하다 **if that's the case** 그러면 **perfect** 꼭 알맞은

리나	저기요, 실례합니다.	리나	아, 알겠습니다.
직원	안녕하세요.	직원	제가 그냥 보여드릴게요.
리나	초콜릿 있나요?	리나	감사합니다!
직원	아, 계산대 앞쪽에 초콜릿 바가 있어요.	리나	친구 집들이 선물을 사려고 하는데요. 어떤 초콜릿이 괜찮을까요?
리나	정확히는 상자에 담긴 초콜릿을 찾고 있는데, 있나요?	직원	그렇다면, 이게 딱 맞을 거예요.
직원	그런 거라면 선물 코너로 가보세요. 저기 쿠키 보이세요? 그 구역의 반대편에 있어요.	리나	오, 괜찮네요. 감사합니다. 즐거운 하루 보내세요.
		직원	감사합니다.

Mission Completed

리나가 어떻게 미션을 달성했는지 보세요.

☑ 초콜릿 코너 문의하기

Staff **Oh, we have chocolate bars in front of the cashier.**

Lina **Oh, but I'm actually looking for a box of chocolates.**

Where is a box of chocolates?(초콜릿 어디 있어요?)라고 직원에게 물을 수도 있지만, 리나처럼 I'm looking for a box of chocolates.(상자에 담긴 초콜릿을 찾고 있어요.)이라고 말하면 좀 더 부드러운 표현이 되겠죠. 상점에서 어떤 물건이 있는 장소를 알고 싶을 때는 〈I'm looking for + 물건〉의 패턴으로 말해보세요.

☑ 집들이 선물용 초콜릿 추천받기

Lina **So... It's for my friend's house warming party.**
Which box of chocolates would you recommend?

Staff **If that's the case, this one should be perfect.**

리나가 '어떤 초콜릿이 좋을까요?'라고 말할 때 what이 아닌 which를 사용한 것은 초콜릿의 선택 범위가 정해져 있기 때문이에요. 만약 What box of chocolates would you recommend?라고 말한다면 선택할 수 있는 초콜릿이 많다고 보면 돼요. 제품의 선택 범위가 정해져 있으면 Which one do you like? Black or white?처럼 묻고, 안 정해져 있으면 What do you like?로 열린 질문을 합니다.

I'm actually looking for a box of chocolates.

정확히는 상자에 담긴 초콜릿을 찾고 있어요.

'찾다'라고 하면 대부분 find라는 동사를 생각하는데, 무엇인가를 찾는다는 의미는 look for를 사용해요. 대화문에서 look이 아니라 looking을 사용한 것은 앞에 be동사 am이 있기 때문이죠. find는 이미 찾은 결과나 찾은 순간을 나타내고 진행형으로는 잘 사용하지 않습니다. 따라서 I found it!(찾았다!)이나 Can you find my bag?(내 가방 좀 찾아줄래?)처럼 사용할 수 있어요.

I'm looking for a job.   일자리 찾고 있어요.
What are you looking for?   무엇을 찾고 있니?
She's looking for her puppy.   그녀는 그녀의 강아지를 찾고 있어요.
➕ look at은 '~를 보다'라는 뜻으로 I'm looking at you.(나는 너를 보고 있어.)와 같이 사용합니다. 한편 You look good.이라고 하면 '너 좋아 보인다.'라는 뜻이에요.

Do you see those cookies over there?

저기 쿠키 보이세요?

'보다'라는 단어에는 see와 look이 있어요. see는 무의식적으로 보이는 것들을 말할 때 사용하고, look은 의식을 하면서 집중해서 보는 것을 말할 때 사용해요. 예를 들어 영화 속에서 의식이 없는 사람의 빰을 막 때리면서 뭐라고 하나요? Hey, look at me!라고 하지 Hey, see me!라고 하진 않죠. 그럼 watch는 또 어떻게 다를까요? watch는 좀 더 길게 바라보거나, 뭔가가 움직이거나 변하는 걸 보는 것을 뜻합니다.

I see many flowers in the garden.   정원에서 많은 꽃을 볼 수 있어요.
I hope to see you soon.   조만간 봅시다.
Can you see a door over there?   저기에 문이 하나 보이나요?

It's for my friend's housewarming party.

친구 집들이 선물을 사려고 하는데요.

housewarming party를 직역하면 '집을 따뜻하게 하는 파티'가 되요. 이 말을 의역하면 새로 이사간 썰렁한 집을 사람의 온기로 따뜻하게 해준다고 해서 '집들이'라는 뜻이 됩니다.

We're having a housewarming party **tonight.** 우린 오늘 저녁에 집들이를 해요.
When will you have a housewarming party? 언제 집들이를 할 거예요?
I had a housewarming party **last night.** 어제 저녁에 집들이를 했어요.

If that's the case, **this one** should **be perfect.**

그렇다면, 이게 딱 맞을 거예요.

If that's the case
'그렇다면'이라는 뜻으로 앞에 상대방이 말한 내용에 대해 의견을 말할 때 사용하는 표현입니다. then이나 in that case와 같은 의미를 가지고 있습니다.

If that's the case, the pizza is on me. 그렇다면, 피자는 내가 살게.
If that's the case, this is not it. 그렇다면, 이건 아닌 거 같아.
If that's the case, you should buy two. 만약 그렇다면, 2개를 사는 게 좋을 것 같아.

should
should는 조동사죠. 조동사의 특징은 뒤에 오는 동사가 원형이라는 점입니다. 일반동사의 경우 동사의 원래 형태인 원형을 써주면 되고, 명사나 형용사를 사용해서 문장을 만들 경우에는 be동사의 원형인 be를 사용해서 That should be great.이나 Anna should be a teacher.처럼 사용합니다.

He should be a superhero. 그는 슈퍼히어로가 되어야 해요.
That should be nice. 그거 좋겠다.
It should be right for you. 너에게는 딱일 거야.

1

_____

정확히는 상자에 담긴 초콜릿을 찾고 있어요.　　보기 for, chocolates, I'm, of, looking, a, actually, box

2

_____

저기 육류 코너가 보이세요?　　보기 over, do, meat, the, there, you, section, see

3

_____

언니 집들이 선물을 사려고 하는데요.　　보기 party, sister's, for, housewarming, it's, my

4

_____

어떤 시리얼이 괜찮을까요?　　보기 would, of, recommend, which, you, box, cereal

5

_____

그렇다면, 이건 좋지 않을 거야.　　보기 one, the, bad, if, should, this, be, that's, case

Drill 2

영어를 가리고 한국어를 보면서 바로 말할 수 있는지 체크해보세요.

☐ 초콜릿 있나요?	Do you guys have some chocolate?
☐ 정확히는 상자에 담긴 초콜릿을 찾고 있어요.	I'm actually looking for a box of chocolates.
☐ 그런 거라면 선물 코너로 가보세요.	In that case, you go to our gift section.
☐ 저기 쿠키 보이세요?	Do you see those cookies over there?
☐ 그 구역의 반대편에 있어요.	It's on the other side of that section.
☐ 제가 그냥 보여드릴게요.	Actually, I will show you.
☐ 친구 집들이 선물을 사려고 하는데요.	It's for my friend's housewarming party.

 1 I'm actually looking for a box of chocolates. **2** Do you see the meat section over there? **3** It's for my sister's housewarming party. **4** Which box of cereal would you recommend? **5** If that's the case, this one should be bad.

친구의 이사 축하해주기

친구 집들이 파티에 간 리나. 오늘은 어떤 미션을 받게 될까요?

LINA, ANNA

Hey, 리나. 지금 어디예요? 집은 아닌 거 같은데요.

저 오늘 친구 집들이 파티에 왔어요!

Housewarming party! Sounds wonderful!

친구가 처음으로 집을 산 거라 축하해주려고요.

오, 좋아요! 그럼 내 집 마련한 친구 축하를 영어로 하는 미션을 해보면 어때요?

Today's Mission

☐ 이사한 친구 축하하기

좋아요! 기쁜 마음으로 미션에 성공해볼게요.

오늘의 대화문을 귀 기울여 들어보세요.

Lina	Hi, Heloisa. Congrats!
Friend	Hi, Lina. Thanks for coming!
Lina	This is for you.
Friend	Thank you.
Lina	Wow, this place looks so cozy.
	I'm so happy for you.
Friend	I'm so glad you like the place.
	Come on in, let's have some drinks!
Lina	Yay!

housewarming party 집들이 **wonderful** 아주 멋진, 신나는 **congrats** 축하해(congratulations 의 비격식) **thanks for** ~에 대해 감사하다 **cozy** 아늑한 **glad** 기쁜 **place** 장소, 곳 **come on in** 어서 들어오다 **drink** 술 마시다

리나	안녕, 헬로이사. 축하해!
친구	안녕, 리나, 와줘서 고마워!
리나	이건 선물이야.
친구	고마워.
리나	와, 엄청 아늑해 보인다.
	정말 기뻐.
친구	네가 집이 마음에 든다니 다행이야.
	얼른 들어와서 같이 마시자!
리나	야호!

Mission Completed

리나가 어떻게 미션을 달성했는지 보세요.

☑ 이사한 친구 축하하기

Lina	**Wow, this place looks so cozy.**
	I'm so happy for you.
Friend	**I'm so glad you like the place.**

친구에게 좋은 일이 생겨서 축하해줄 때는 I'm so happy for you.라고 말하면 돼요. 이 표현은 '축하해.'와 같은 표현이고, 구체적으로 '진짜 축하해. 네가 잘돼서 너무 좋다.'라는 의미예요. 누군가가 나에게 이런 말을 해준다면 좋은 답변으로는 I'm happy for you to say so.나 I'm glad you think so. 혹은 Thank you for saying so.가 있어요.

3개의 문장을 보면 so가 다 들어 있네요. 이처럼 조금 전에 상대방이 한 말을 반복할 때는 뒤에 so를 붙여주면 된답니다. 예를 들면 It looks like rain.(비 오는 것 같아.)이라고 말하면 답변은 I think so.가 되겠죠. 만약 굳이 so를 넣고 싶지 않다면 I think It looks like rain, too.(나도 비가 오는 것 같다고 생각해.)라고 말해도 됩니다.

➕ 뭔가를 이룬 사람에게 축하하는 말을 좀 더 알아볼까요?

I'm very proud of you.	네가 정말 자랑스러워.
You did it!	해냈구나!
It seems all your efforts have paid off.	네 노력이 결실을 맺었구나.

회화 실력을 업그레이드해주는 표현을 익혀보세요.

Hi, Heloisa. Congrats!

안녕, 헬로이사. 축하해!

congrats는 congratulations과 같은 의미로 격식을 차리지 않을 때 사용하는 표현이에요. 이렇게 항상 복수 형태로 사용해야 다는 점을 잊지 마세요! 추가로 많은 분이 congratulations를 잘못 사용할 때가 있는데요. 바로 누군가의 생일일 때예요. congratulations는 achievement(달성) 느낌이어서 어떤 일을 노력해서 달성했을 때 사용하는 표현입니다. 하지만 생일은 매년 찾아오잖아요? 노력해서 달성한 게 아니죠! 그래서 '생일 축하해!'는 그냥 Happy birthday!라고 말하면 됩니다. 상대방이 집을 샀거나 졸업, 승진, 취업, 결혼 등 무언가를 노력해서 취득했을 때는 Congratulations on your new job.이나 Congratulations on your new house. 혹은 Congratulations on your wedding.이라고 말해요. 〈Congratulations on~〉의 패턴을 기억하면 되겠죠.

Congrats on your success!	성공을 축하드립니다!
Congrats on your new baby!	출산을 축하해요!
Congrats on your promotion.	승진을 축하해.

Wow, this place looks so cozy.

와, 엄청 아늑해 보인다.

〈look so + 상태/감정(형용사)〉은 '정말 ~해 보이다'라고 말할 때 쓰는 표현이에요. '너 정말 행복해 보인다.'는 You look so happy.라고 하면 되겠죠. 여기서 so는 '정말, 너무'라는 뜻이고, so를 넣지 않아도 말은 됩니다. look 다음에 like를 넣어서 명사를 넣을 수도 있어요. She looks like her mom.(그녀는 엄마를 닮았어.) 또는 She looks like a cat.(그녀는 고양이 같아요.)처럼 말할 수 있어요.

He looks so great.	그는 정말 멋져 보여요.
They look so cute.	그들은 너무 귀여워 보인다.
This bed looks so comfortable.	이 침대는 정말 편해 보여요.

I'm so glad you like the place.

네가 집이 마음에 든다니 다행이야.

대부분 place 하면 장소로만 알고 있는데 사실 다양한 의미가 있습니다. '가게'라는 의미로는 This cafe is one of the favorite places.(이 카페는 내가 제일 좋아하는 가게들 중 하나야.) 와 같이 쓰고, '집'이라는 의미로는 Where is your place?(너희 집은 어디야?)와 같이 써요. '자리'라는 의미로는 Could you change places?(자리 좀 바꿔주실 수 있나요?)로 쓸 수 있죠. 이렇게 place라는 단어를 다양하게 사용해보는 것은 어떨까요?

I really like your place.
집이 정말 좋다!

This would be a good place for a picnic.
피크닉 하기에 좋은 장소인 것 같아.

The mall has many great eating places.
그 몰에는 식사할 수 있는 훌륭한 장소가 많아.

➕ place는 동사로는 '놓다, 두다'의 의미를 가집니다. 동사로 활용하는 예를 더 볼까요?

She placed her hand on my shoulder.
그녀가 내 어깨에 손을 올렸다.

He placed the letter in front of me.
그가 편지를 내 앞에 두었다.

Come on in, let's have some drinks!

얼른 들어와서 같이 마시자!

'술 마시자.'라고 할 때 Let's drink alcohol.이라고 말하는 사람이 있는데, 이 표현은 피하는 것이 좋아요. 그럼 어떻게 말하면 좋을까요? drink 다음에 특별한 명사가 오지 않으면 '술 마시다'가 되므로 Let's have a drink.라고 하면 됩니다. 술이 아닌 다른 음료를 마실 때는 drink 다음에 마실 음료를 넣으면 돼요. drink coffee, drink Fanta, drink wine처럼 〈drink + 명사〉의 형태로 말하면 됩니다.

Can you have a drink today?　　오늘 술 한잔 할 수 있니?
I drink three times a week.　　일주일에 3번은 술을 마셔.
She drinks at night.　　그녀는 밤에 술을 마셔.

Drill 1

학습한 내용을 응용하여 영작해보세요.

1

승진을 축하해.   보기 your, congrats, promotion, on

2

엄청 넓어 보인다.   보기 looks, this, so, place, huge

3

우린 정말 기뻐.   보기 for, so, you, we're. happy

4

집이 정말 좋다!   보기 like, place, I, your, really

5

술 한잔 해요!   보기 have, drink, let's, a

Drill 2

영어를 가리고 한국어를 보면서 바로 말할 수 있는지 체크해보세요.

☐ 안녕, 헬로이사. 축하해!	Hi, Heloisa. Congrats!
☐ 와줘서 고마워!	Thanks for coming!
☐ 와, 엄청 아늑해 보인다.	Wow, this place looks so cozy.
☐ 네가 집이 마음에 든 다니 다행이야.	I'm so glad you like the place.
☐ 얼른 들어와서 같이 마시자!	Come on in, let's have some drinks!
☐ 그는 정말 멋져 보여요.	He looks so great.
☐ 오늘 술 한잔 할 수 있니?	Can you have a drink today?

 정답 **1** Congrats on your promotion. **2** This place looks so huge. **3** We're so happy for you.
4 I really like your place. **5** Let's have a drink!

72

취준생 친구 위로해주기

친구 집들이 파티에 간 리나. 오늘은 어떤 미션을 받게 될까요?

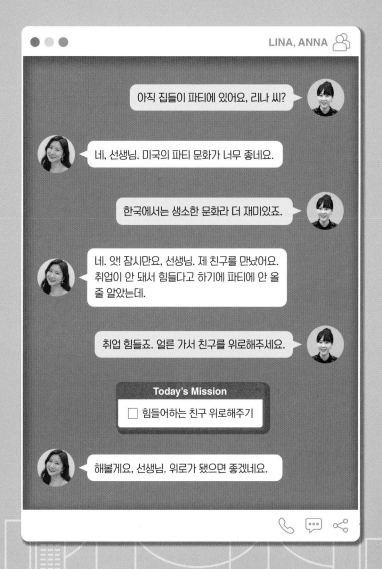

LINA, ANNA

아직 집들이 파티에 있어요, 리나 씨?

네, 선생님. 미국의 파티 문화가 너무 좋네요.

한국에서는 생소한 문화라 더 재미있죠.

네. 앗! 잠시만요, 선생님. 제 친구를 만났어요. 취업이 안 돼서 힘들다고 하기에 파티에 안 올 줄 알았는데.

취업 힘들죠. 얼른 가서 친구를 위로해주세요.

Today's Mission

☐ 힘들어하는 친구 위로해주기

해볼게요, 선생님. 위로가 됐으면 좋겠네요.

Lina	Hey, how are you doing lately?
Friend	Hi, I'm alright. Thanks for asking.
Lina	I know you had some hard times recently but don't think about it too much. You have many more opportunities, and I believe in you.
Friend	Thanks for your concern. It really means a lot to me.
Lina	I'm always here for you. Just let me know if you need anything.
Friend	Thank you.
Lina	Of course.

lately 요즘, 최근에, 얼마 전에 **alright** 괜찮은, 받아들일 만한(all right의 비격식) **ask** 묻다, 물어보다
hard 어려운, 힘든 **recently** 요즘, 최근 **opportunity** 기회 **believe in** (능력, 가치, 존재를) 믿다
concern 걱정, 염려 **A mean a lot to B** A는 B에게 큰 힘이 되다 **just** (언제든) 그냥, 그 순간에 **let
me know** 알려줘

리나	야, 요즘 어떻게 지내?
친구	잘 지내. 물어봐줘서 고마워.
리나	요즘 너무 힘든 거 알아, 거기에 대해 너무 깊게 생각하지 마.
	더 많은 기회가 있을 거야. 난 널 믿어.
친구	걱정해줘서 고마워. 너무 힘이 난다.
리나	나는 항상 네 옆에 있어. 필요하면 뭐든지 말해.
친구	고마워.
리나	천만에.

Mission Completed

리나가 어떻게 미션을 달성했는지 보세요.

☑ 힘들어하는 친구 위로해주기

Lina **You have many more opportunities, and I believe in you.**

Friend **Thanks for your concern. It really means a lot to me.**

Lina **I'm always here for you.**
Just let me know if you need anything.

'믿다'라는 뜻의 believe는 말과 행동, 사실을 믿는다는 뜻으로 I believe Anna.(나는 애나를 믿어요.)와 같이 사용할 수 있어요. 힘들어하는 친구를 위로해줄 때는 believe 다음에 in을 넣어서 believe in(~을 믿다)을 사용해요. I believe in you!(난 널 믿어!) 다른 표현으로는 능력, 가치, 존재를 믿는다는 의미로 I believe in ghosts.(나는 귀신을 믿어요.)가 있어요. Believe in yourself or you'll never succeed.(너 자신을 믿어! 그렇지 않으면 너는 성공하지 못할 거야.)라는 표현도 있어요.

또한 리나는 I'm always here for you.라고 했어요. '항상 네 옆에 있어.'라는 위로의 표현에는 또 어떤 게 있을까요? I'm always on your side.(나는 항상 네 편이야.)나 You have me.(내가 있잖아.)도 있어요. I'm totally in your corner.(나는 완전 네 편이야.)라는 표현도 있어요. 권투 경기에서 라운드마다 선수가 링 모퉁이(corner)에서 대기할 때 코치가 격려와 조언을 해주죠? 그렇게 생각하면 이 표현이 쉽게 이해될 거예요.

마지막으로 리나는 한마디를 덧붙였네요. Just let me know if you need anything.이라고 해서 위로나 도움이 필요하면 언제든지 말하라는 표현을 했죠. 이런 친구가 곁에 있으면 정말 든든하겠죠?

Hey, how are you doing lately?

야, 요즘 어떻게 지내?

lately는 최근, 얼마 전 혹은 며칠 동안에 있었던 일을 말할 때 쓰는 말이에요. I've been super busy lately so I haven't been out much.(나는 최근에 너무 바빠서 밖에 많이 못 나왔어요.)라고 말할 수 있습니다. 비슷한 표현으로는 recently가 있는데, 얼마 전에 있었던 일 중에서 lately보다 좀 더 일시적인 일을 말할 때 사용해요. Anna has recently been promoted to Manager.(애나는 얼마 전에 매니저로 승진됐어요.)와 같은 표현을 쓸 때 사용해요.

I've been feeling blue lately.　　　나는 최근에 스트레스를 받고 있어요.
We haven't seen him lately.　　　우리는 최근에 그를 본 적이 없어요.
Are you doing well lately?　　　최근에 잘 지내고 있나요?

➕ currently는 '현재, 지금'을 의미하는 단어로 I am currently living in Seoul.(저는 현재 서울에 살고 있습니다.)나 Are you currently taking any medicine?(당신은 지금 먹고 있는 약이 있습니까?)처럼 말할 수 있어요.

Thanks for asking.

물어봐줘서 고마워.

thanks for는 '~에 대한 감사'를 뜻하며 〈thanks for + 명사〉나 〈thanks for + 동명사〉의 형태로 써요. Thanks for your help.에서는 help를 명사로 썼고, Thanks for helping me.에서는 동명사로 썼죠.

Thanks for your company.　　　함께 있어줘서 고마워요.
Thanks for the favor.　　　부탁을 들어줘서 고마워요.
Thanks for your support.　　　후원해줘서 고마워요.

I know you had some hard times recently but don't think about it too much.

요즘 너무 힘든 거 알아. 거기에 대해 너무 깊게 생각하지 마.

a hard time은 '힘든 시기'라는 뜻으로, 같은 말로 a difficult time이 있습니다. 또한 a hard time에는 '불경기'라는 뜻도 있다는 것을 알아두세요!

We are having a hard time.   우리는 힘든 시기를 겪고 있어요.

People had a hard time.   사람들은 힘든 시기를 보냈어요.

I can endure hard times.   나는 힘든 시기를 견뎌낼 수 있어요.

➡ give someone a hard time은 '~를 힘들게 하다' 또는 '~를 곤란하게 만들다'라는 뜻으로 I don't want to give you a hard time.이라고 하면 '당신을 힘들게 하고 싶지 않아요.' 또는 '당신을 괴롭히고 싶지 않아요.'라는 뜻입니다.

Thanks for your concern.

걱정해줘서 고마워.

누군가가 위로되는 말이나 행동을 해주면 너무 고맙죠. 그럴 때 쓰는 표현이 있어요. concern(걱정, 우려)을 넣어서 Thanks for your concern. 또는 Thanks for worrying about me.라고 말합니다. 또한 동사로 concern은 '~를 걱정하게 만든다'라는 뜻이 있어서 〈be concerned about~〉은 '~을 걱정하다'라는 표현이 됩니다. 한편 〈be concerned with~〉는 '~과 관련 있다'라는 뜻으로 I don't concern myself with that matter.(나는 그 문제와 관련이 없다.)와 같이 쓸 수 있습니다.

I'm really concerned about your health.
나는 너의 건강이 정말 걱정이 된다.

Thanks for your concern during these hard times.
이 힘든 시기에 걱정해줘서 고마워.

She is concerned about her son.
그녀는 아들의 안전을 우려하고 있어요.

Drill 1

학습한 내용을 응용하여 영작해보세요.

1

_____

최근에 잘 지내고 있나요?   보기 doing, lately, are, well, you

2

_____

부모님에 대해 물어봐줘서 고마워.   보기 about, for, parents, thanks, my, asking

3

_____

우리는 힘든 시기를 겪고 있어요.   보기 a, time, we're, hard, having

4

_____

나는 남동생을 믿어요.   보기 in, I, brother, believe, my

5

_____

우리는 항상 네 옆에 있어.   보기 you, always, for, we're, here

Drill 2

영어를 가리고 한국어를 보면서 바로 말할 수 있는지 체크해보세요. 11 02

☐ 야, 요즘 어떻게 지내?	Hey, how are you doing lately?
☐ 물어봐줘서 고마워.	Thanks for asking.
☐ 요즘 너무 힘든 거 알아.	I know you had some hard times recently.
☐ 나는 널 믿어.	I believe in you.
☐ 걱정해줘서 고마워.	Thanks for your concern.
☐ 너무 힘이 난다.	It really means a lot to me.
☐ 나는 항상 네 옆에 있어.	I'm always here for you.

 정답 **1** Are you doing well lately? **2** Thanks for asking about my parents. **3** We're having a hard time. **4** I believe in my brother. **5** We're always here for you.

지하철 티켓 기계 이용하기

지하철역에 있는 리나. 오늘은 어떤 미션을 받게 될까요?

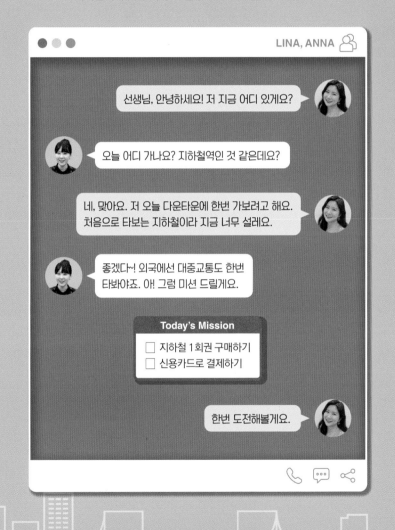

LINA, ANNA

선생님, 안녕하세요! 저 지금 어디 있게요?

오늘 어디 가나요? 지하철역인 것 같은데요?

네, 맞아요. 저 오늘 다운타운에 한번 가보려고 해요.
처음으로 타보는 지하철이라 지금 너무 설레요.

좋겠다~! 외국에선 대중교통도 한번
타봐야죠. 아! 그럼 미션 드릴게요.

Today's Mission
- ☐ 지하철 1회권 구매하기
- ☐ 신용카드로 결제하기

한번 도전해볼게요.

Live Talk

Lina

English…

[Please select the MetroCard type.]

Single ride.

[Valid for 2.0 hours.]

[How do you want to pay?]

Credit card.

[Please dip your credit card.]

[Please enter your zip code.]

select 선택하다 **MetroCard** 지하철카드 **type** 타입, 유형 **Single Ride** 1회권 **valid for** ~까지 유효한 **pay** 지불하다 **credit card** 신용카드 **dip** 넣었다가 빼다, 살짝 담그다 **enter** 입력하다 **ZIP code** 우편번호

리나　　　영어로….

[지하철카드 타입을 선택하세요.]

1회권.

[두 시간 동안 유효함.]

[어떻게 결제하시겠습니까?]

신용카드.

[신용카드를 넣었다가 빼세요.]

[우편번호를 입력하세요.]

Mission Completed

리나가 어떻게 미션을 달성했는지 보세요.

☑ 지하철 1회권 구매하기

Lina　　**[Please select the MetroCard type.]**
　　　　Single ride.

ride는 '타다'라는 뜻이고, single ride는 '한 번 탄다', 즉 1회권을 의미해요. 지하철 1회권을 구매하기 위해서는 single ride를 선택하면 되겠죠. 그 밖에도 지하철 티켓에는 7-day(7일권), 30-day(30일권) 그리고 pay-per-ride(선불카드)가 있습니다. 원하는 티켓을 고르면 되겠죠.

☑ 신용카드로 결제하기

Lina　　**[How do you want to pay?]**
　　　　Credit card.

How do you want to pay?(지하철 티켓은 어떻게 결제하시겠어요?)라고 물었을 때 신용카드로 결제하려면 credit card를 선택하면 되겠죠. 말을 할 때는 I'll pay by credit card.라고 말해요. 그렇다면 '현금으로 지불할게요.'는 어떻게 표현할까요? pay by가 입에 익숙해서 pay by cash라고 많이들 말하지만 pay in cash 또는 pay with cash라고 표현해야 한다는 걸 꼭 알아두세요. 추가로 알아두면 좋은 것! 우리가 알고 있는 체크카드는 영어로 check card가 아닌 debit card입니다.

Please select the MetroCard type.

지하철카드 타입을 선택하세요.

자동판매기나 ATM기를 사용하다 보면 please라는 단어를 자주 듣게 될 거예요. please라는 단어가 안 붙으면 좀 강제성을 띌 수 있기 때문이에요. 예를 들어 Would you like some water?(물 좀 드릴까요?)라고 물었을 때 원한다면 Yes, please.라고 답하고, 원하지 않는다면 No, thank you.라고 답하는 것과 같은 거죠. 그러니 please라는 단어에 너무 신경 쓰지 않아도 됩니다.

Please enter your name.	본인의 이름을 입력해주세요.
Please take out the card.	카드를 제거해주세요.
Please enter your password.	비밀번호를 입력해주세요.

Valid for 2.0 hours

두 시간 동안 유효함.

Valid는 '유효한'이라는 의미의 형용사로 뒤에 〈for + 기간〉이 와서 언제까지 유효한지 알려줍니다. Valid for 2.0hours라고 하면 '두 시간 동안 유효하다, 두 시간 동안 쓸 수 있다'라는 말이에요.

That's valid for one month.	그것은 한 달 동안 유효해요.
This free pass ticket is valid for a year.	이 자유이용권은 1년 동안 유효해요.
The coupon is valid for 60 days.	그 쿠폰은 60일 동안 유효해요.

➕ valid를 어떻게 활용하는지 좀 더 알아봅시다. a valid password(유효한 비밀 번호), a valid contract (합법적인 계약), a valid method(타당한 방법)와 같이 사용할 수 있습니다.

Please dip your credit card.

신용카드를 넣었다가 빼세요.

dip은 '살짝 담그다'라는 뜻으로 여기에서는 '신용카드를 넣다'라는 뜻으로 쓰였어요. 하지만 보통 신용카드를 넣으라는 말로는 주로 insert라는 동사를 사용해서 Please insert your credit card.라고 합니다. insert는 '끼우다, 넣다, 삽입하다'라는 뜻을 가집니다.

Dip your hand in the ice bucket.
그 얼음 통에 손을 살짝 담가봐요.

I dip the brush into the paint.
붓을 페인트에 살짝 담가요.

He dipped the marshmallow in chocolate.
그는 마시멜로를 초콜릿에 살짝 담갔어요.

➕ dip에는 '(아래로) 내려가다, 떨어지다'라는 뜻도 있습니다. The sun dipped below the horizon.(해가 지평선 아래로 떨어졌다.)과 같이 말할 수 있습니다.

Please enter your zip code.

우편번호를 입력하세요.

zip code 혹은 postal code는 둘 다 '우편번호'라는 뜻인데요 미국은 다양한 곳에서 zip code를 누르라는 것을 종종 볼 수 있습니다. 이것은 카드사에서 카드 소유자와 주소가 맞는지를 확인하기 위해서예요. 주유소에서 가스를 넣을 때도 zip code를 누르라고 하는 경우가 있는데, 이것은 주유소 입장에서 어느 지역 거주자가 방문하는지를 통계자료로 활용하기 위해서라고 하네요.

Tell me your zip code, please.
우편번호를 말해주세요.

The zip code is 41225.
우편번호는 41225예요.

Please write down your street name and zip code.
거리명과 우편번호를 써주세요.

Drill 1

학습한 내용을 응용하여 영작해보세요.

1

_____

언어를 선택하세요.   **보기** the, please, language, select

2

_____

신용카드로 지불할게요.   **보기** by, card, I'll, credit, pay

3

_____

어떻게 계산하실래요?   **보기** pay, you, how, like, would, to

4

_____

세면대에 손을 담가주세요.   **보기** your, please, hands, dip, basin, the, wash, into

5

_____

우편번호를 말해주세요.   **보기** me, please, code, tell, zip, your

Drill 2

영어를 가리고 한국어를 보면서 바로 말할 수 있는지 체크해보세요.

☐ 지하철카드 타입을 선택하세요.	Please select the MetroCard type.
☐ 1회권.	Single ride.
☐ 어떻게 결제하시겠습니까?	How do you want to pay?
☐ 신용카드를 넣었다가 빼세요.	Please dip your credit card.
☐ 우편번호를 입력하세요.	Please enter your zip code.
☐ 카드를 제거해주세요.	Please take out the card.
☐ 그것은 한 달 동안 유효해요.	That's valid for one month.

 1 Please select the language. **2** I'll pay by credit card. **3** How would you like to pay?
4 Please dip your hands into the wash basin. **5** Tell me your zip code please.

와플 주문하기

리나가 유명한 와플 가게에 갔어요. 오늘은 어떤 미션을 받게 될지 볼까요?

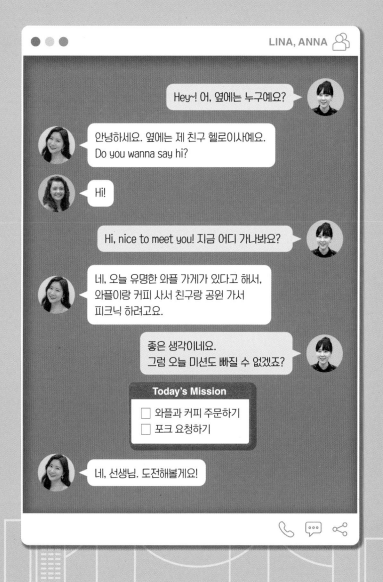

Lina	So... Are you excited about this waffle?
Friend	Yes!
Lina	Yay!
Lina	Hello!
Staff	Hi, guys. Good morning.
Lina	Good morning! I'd like to have 1 WMD.
Staff	WMD is a good option for you, because it is coming with strawberries, bananas with creams. It is really good for you.
Lina	Ooooh, sounds great. What would you like?
Friend	I want this s'more waffle.
Staff	S'more waffle? Of course. Would you like something to drink?
Lina	Yes. Umm... can we have 2 coffees?
Staff	Coffee? Just black, regular, maybe latte, or cappuccino.
Lina	Black for me. How about you?
Friend	Black for me too.
Staff	Okay, perfect. Okay, guys, that would be 25.67.
Lina	Thank you.
Staff	Here you go.
Lina	Thank you.
Staff	Your order will be coming out with the other side, okay?
Lina	Great, thank you.
Staff	You're welcome.
Staff	Okay, guys. Your order is ready.
Lina	That's awesome. Thank you.
Staff	And this is your drinks.
Lina	Thank you. Can we also have utensils?
Staff	Yeah, of course. I got it right here. Here you go.
Lina	Thank you. I will take both. Do you think you can grab your coffee?
Friend	Yes.
Staff	You're welcome, have a good day.
Lina	Thank you so much, have a good day.
Staff	You too. Bye.
Lina	Looks amazing!

excited 기대되는, 흥분된 **option** 옵션, 선택 **come with** ~이 딸려 있다 **regular** 기본적인, 표준의 **order** 주문 **come out** 나오다 **the other side** 다른 쪽 **ready** 준비가 된 **awesome** 굉장한, 멋진 **drink** 음료, 마실 것 **utensil** 도구, 기구 **both** 둘 다 **grab** 붙잡다, 간단히 먹다

리나	와플 먹는 거 너무 기대되지?	리나	감사합니다.
친구	완전!	직원	여기 있습니다.
리나	야호!	리나	감사합니다.
리나	안녕하세요!	직원	준비가 다 되면 다른 쪽에서 나올 거예요.
직원	안녕하세요, 좋은 아침이에요.	리나	좋아요, 감사합니다.
리나	좋은 아침이에요! WMD 하나 주세요.	직원	천만에요.
직원	아주 좋은 선택이에요. 딸기, 바나나 그	직원	주문하신 거 나왔습니다.
	리고 크림과 함께 나오는데, 정말 좋아	리나	진짜 멋지다. 감사합니다.
	하실 거예요.	직원	그리고 음료 드릴게요.
리나	와, 정말 맛있겠다. 어떤 거 먹을래?	리나	감사합니다. 포크 좀 주실 수 있나요?
친구	나는 스모어 와플 먹을래.	직원	네, 물론이죠. 바로 드릴게요. 여기 있습
직원	스모어 와플이요? 알겠습니다. 음료도		니다.
	주문하시나요?	리나	감사합니다. 제가 둘 다 받을게요. 너 커
리나	네. 음… 커피 두 잔 주시겠어요?		피 들 수 있겠어?
직원	커피요? 블랙, 기본 아니면 라테나 카푸	친구	응.
	치노?	직원	천만에요. 좋은 하루 보내세요.
리나	저는 블랙이요, 너는 뭐 마실래?	리나	감사합니다. 좋은 하루 보내세요.
친구	저도 블랙이요.	직원	안녕히 가세요.
직원	알겠습니다. 25달러 67센트예요.	리나	엄청나다!

Mission Completed

리나가 어떻게 미션을 달성했는지 보세요.

☑ 와플과 커피 주문하기

Lina **Good morning! I'd like to have 1 WMD.**

Staff **WMD is a good option for you, because it is coming with strawberries, bananas with creams. It is really good for you.**

Lina **Ooooh, sounds great. What would you like?**

Friend **I want this s'more waffle.**

처음 보는 사람에게 원하는 것을 말할 때는 I want보단 I would like to = I'd like to가 좀 더 공손한 표현이라 좋아요. 〈I'd like to+동사〉 또는 〈I'd like+명사〉 패턴을 사용할 수 있어요. 단 친한 친구 사이에는 I want this s'more waffle.이라고 말할 수 있습니다.

☑ 포크 요청하기

Lina **Can we also have utensils?**

Staff **Yeah, of course. I got it right here. Here you go.**

어떤 물건을 요청할 때 '~주세요'는 〈Can I have + 명사(원하는 것)〉 패턴을 사용하면 돼요. 패스트푸드점에서 주문할 때는 바로 Can I have의 표현을 써도 되지만 레스토랑 같은 곳에서 종업원을 불러 요청할 때는 Excuse me, can I have~?로 말해야겠죠?

Are you excited about this waffle?

와플 먹는 거 너무 기대되지?

excited(신이 난)와 exciting(신나는)은 감정 형용사예요. 두 단어의 쓰임을 알아볼까요? 여러분이 많이 사용하는 I'm bored.와 I'm boring.의 문장으로 예를 들면, 주어가 그 감정을 받으면 p.p.(과거분사) 형태를 사용하고, 주어가 그 감정을 주면 -ing(현재분사)를 사용해요. 내가 지루함을 느낀다면 I'm bored가 되고 내가 지루함을 주는 거라면 I'm boring. 맞아요! 지루한 사람이 되는 거죠. 참고로 사물은 감정을 느낄 수가 없기 때문에 사물이 주어로 오면 -ing 형태를 사용합니다. That movie was exciting.(그 영화는 흥미진진했다.)

She was so excited about the news.
그녀는 그 소식에 신이 났어요.

All the kids were excited.
모든 아이가 몹시 흥분했어요.

Is he excited about this ice cream?
그는 이 아이스크림을 먹는다고 신이 났나요?

Black for me.

저는 블랙이요.

black이라고 하면 우유와 설탕을 넣지 않은 커피인 아메리카노를 생각하면 돼요. black coffee라고도 합니다.

I will have black with lots of sugar.	설탕을 많이 넣은 블랙커피로 할게요.
This black coffee is too strong.	이 블랙커피는 너무 진해요.
Can I get a black coffee?	블랙 커피로 주실래요?

➕ 커피 메뉴에 대해 더 알아볼까요? Espresso(에스프레소)는 커피가루에 물을 고압으로 통과시킨 진한 커피고요. 여기에 물을 섞은 것이 Americano(아메리카노), 에스프레소에 우유를 넣은 것이 Latte(라테)입니다. 또 에스프레소에 우유와 우유 거품을 넣은 것이 Cappuccino(카푸치노)죠.

Okay, guys, that would be 25.67.

25달러 67센트예요

교과서에서는 금액을 말할 때 25 dollars and 67 cents라고 말하지만 실제 회화에선 그냥 25.67(twenty-five sixty-seven)으로 숫자만 말해요. 만약 가격이 $10.85이면 문장 앞에 it's를 넣어서 It's ten eighty five.라고 말하면 됩니다. 또한 가격이 $1.50이면 one dollar and fifty cents 지만 one을 안 쓰고 a dollar fifty라고도 할 수 있어요.

It's twenty-five sixty-seven.	25달러 67센트예요.
It's twenty-five dollars and sixty-seven cents.	25달러 67센트예요.
It's twenty-five sixty-seven in total.	25달러 67센트예요.

➕ 물건의 값이 비싸다고 말할 때는 어떻게 말하면 될까요? 우리가 흔히 알고 있는 expensive이라는 단어를 써서 That's expensive.라고 말하죠. 이와 같은 뜻으로 일상에서 자주 쓰는 That's pretty steep. (너무 비싸다, 터무니없이 비싸다.)라는 표현도 알아두세요.

It's too expensive for me.	나한테는 너무 비싸요.
It's a bit steep.	좀 비싸네요.

Do you think you can grab your coffee?

너 커피 들 수 있겠어?

여기서 grab은 '들다, 손으로 쥐다'라는 의미입니다. She grabbed her child's arm.이라고 하면 '그녀는 아이의 팔을 잡았다.'는 말이 됩니다. 또한 '(기회를) 잡다'라는 뜻도 있어요. If you don't grab this opportunity, you might not get another one.(이 기회를 잡지 않으면 다른 기회는 없을지도 몰라.)처럼 사용할 수 있습니다.

구어체로 grab은 get some food(~을 간단히 먹다)라는 의미로도 많이 쓰입니다. 예를 들어 Anna, wanna grab some beer?는 '애나, 맥주 마실래?', Let's grab some coffee.는 '커피 좀 마시자.'예요. 또 Let's grab a bite.는 '뭐 좀 간단히 먹자.'라는 뜻입니다.

Please grab the end of the rope.	밧줄 끝을 잡아주세요.
You need to grab the bar.	바를 잡으세요.
You have to grab her.	그녀를 잡아야 해.

Drill 1

학습한 내용을 응용하여 영작해보세요.

1
_____

이번 휴가가 기대되나요?   보기 about, you, vacation, are, this, excited

2
_____

케이크 한 조각 주세요.   보기 one, cake, I'd, to, piece, like, of, have

3
_____

저 바닐라 아이스크림 주세요.   보기 ice cream, want, I, vanilla, that

4
_____

포크도 주실 수 있나요?   보기 also, can, forks, we, have

5
_____

여행가방을 들 수 있겠니?   보기 you, suitcase, do, can, your, grab, think, you

Drill 2

영어를 가리고 한국어를 보면서 바로 말할 수 있는지 체크해보세요. 🔊 13 02

☐ 와플 먹는 거 너무 기대되지?	Are you excited about this waffle?	
☐ 저는 블랙이요.	Black for me.	
☐ 25달러 67센트예요.	Okay, guys, that would be 25.67.	
☐ 주문하신 거 나왔습니다.	Your order is ready.	
☐ 진짜 멋지다.	That's awesome.	
☐ 포크 좀 주실 수 있나요?	Can we also have utensils?	
☐ 너 커피 들 수 있겠어?	Do you think you can grab your coffee?	

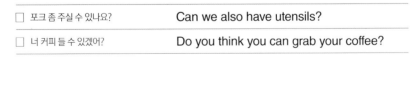

정답 **1** Are you excited about this vacation? **2** I'd like to have one piece of cake. **3** I want that vanilla ice cream. **4** Can we also have forks? **5** Do you think you can grab your suitcase?

직원에게 립 제품 추천받기

화장품 가게에 립 제품을 사러 간 리나. 오늘은 어떤 미션을 받을까요?

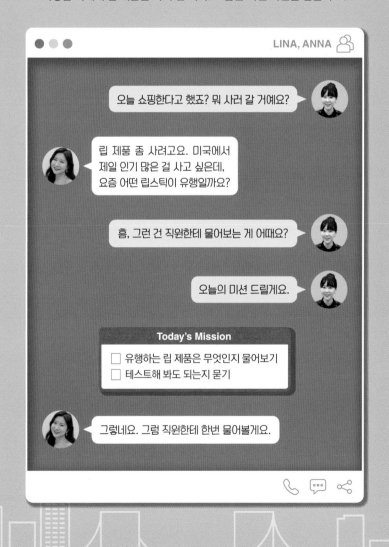

LINA, ANNA

오늘 쇼핑한다고 했죠? 뭐 사러 갈 거예요?

립 제품 좀 사려고요. 미국에서 제일 인기 많은 걸 사고 싶은데, 요즘 어떤 립스틱이 유행일까요?

흥, 그런 건 직원한테 물어보는 게 어때요?

오늘의 미션 드릴게요.

Today's Mission

☐ 유행하는 립 제품은 무엇인지 물어보기
☐ 테스트해 봐도 되는지 묻기

그렇네요. 그럼 직원한테 한번 물어볼게요.

Employee	Hello. Are you looking for a **specific** product?
Lina	Nothing specific but... Which lipstick is popular these days?
Employee	Oh, I'd get this one. It's a trending color and it doesn't **stand out** too much.
Lina	Can I try?
Employee	Sure! That one's the tester.
Lina	Thank you! I'll **look around** a bit. Thank you.
Employee	No problem, let me know if you need any help.

specific 특정한　**popular** 인기 있는　**these days** 요즘　**I'd** 나라면 ~하겠다(I would의 축약형)　**get** 사다　**trending color** 유행 컬러　**stand out** 눈에 띄다, 두드러지다　**try** 해보다　**tester** 테스터, 시용 견본품　**look around** 둘러보다　**a bit** 조금, 약간, 다소

직원	안녕하세요. 찾으시는 제품이 있나요?
리나	딱히 찾는 제품은 없어요. 요즘 어떤 립스틱이 인기가 많나요?
직원	오, 저라면 이걸 사겠어요. 요즘 트렌드 컬러이고, 너무 튀지 않아요.
리나	발라봐도 될까요?
직원	그럼요! 그게 테스터예요.
리나	감사합니다. 조금 둘러볼게요.
직원	별말씀을요. 도움이 필요하면 말씀해주세요.

Mission Completed

리나가 어떻게 미션을 달성했는지 보세요.

☑ 유행하는 립 제품은 무엇인지 물어보기

Employee **Hello. Are you looking for a specific product?**

Lina **Nothing specific but… Which lipstick is popular these days?**

요즘 유행하는 제품을 물어볼 때는 Which ~ is popular these days?라고 말합니다.
color를 넣어서 어떤 색이 요즘 인기 있는지 물어볼까요? Which color is popular these
days?가 되겠죠. 그럼 어떤 립스틱이 20대 사이에서 유명한지를 물어볼 수도 있겠죠. 20대는
20s(twenties)라고 하고 끝에 for 20s를 넣어서, Which lipstick is popular these days
for 20s?라고 말할 수 있어요. '이 중에 어떤 브랜드가 제일 유명해요?'는 Which brand is
the most famous?로 popular 대신 famous를 사용해도 됩니다.

☑ 테스트해 봐도 되는지 묻기

Lina **Can I try?**

Employee **Sure! That one's the tester.**

'~해봐도 될까요?'라는 뜻의 Can I try?는 뭔가를 시도해볼 때 사용하는데, 무엇을 시도하느
냐는 상황에 따라 달라집니다. '이 블러셔 발라봐도 될까요?'라고 하고 싶을 때는 끝에 this
powder blusher를 넣어서 Can I try this powder blusher?라고 말할 수 있습니다. 좀 더
공손하게 말해볼까요? can 대신에 could를 써서 Could I try this powder blusher?라고
말하면 됩니다.

Are you looking for a specific product?

찾으시는 제품이 있나요?

형용사 specific은 '특정한'이라는 뜻으로 주로 명사 앞에 쓰입니다. 여기서는 명사 product 앞에 와서 '특정한 제품'을 말해요.

He gave me specific instructions.	그는 나에게 특정한 지시를 내렸다.
I need to have a specific order.	나는 특정한 주문을 해야 한다.
We did it for a specific purpose.	우리는 특정한 목적을 위해 했다.

Which lipstick is popular these days?

요즘 어떤 립스틱이 인기가 많나요?

popular(인기 있는)와 these days(요즘)을 함께 붙여 쓰면 '요즘 인기 있는'이 됩니다. 비슷한 표현으로는 all the rage(엄청나게 유행하는)가 있는데, This color is all the rage these days.(이 색깔은 요즘 엄청나게 유행한다.)라고 말해요. seek의 과거분사인 sought를 넣어서 sought after라고 하면 '수요가 많은'이라는 뜻이고, It is the most sought after finishing powder nowadays.(그건 요즘 가장 수요가 많은 피니싱 파우더다.)라고 말할 수 있어요.

Which hairstyle is popular these days?
요즘 어떤 헤어스타일이 인기가 많나요?

This fabric is popular these days.
요즘 이 천이 인기가 많아요.

Is this popular these days?
이게 요즘 인기가 많나요?

➕ thing은 '유행'이라는 뜻으로도 쓰여서 Is that a thing now?(그게 지금 유행이야?)라고 말할 수 있어요.

This cherry red color is a thing!
이 체리 빨강은 유행이야.

Korean-style make up is a thing these days in the US.
요즘 미국에서 한국식 화장술이 유행이야.

It's a trending color and it doesn't stand out too much.

요즘 트렌드 컬러이고, 너무 튀지 않아요.

stand out은 '튀다, 눈에 띄다, 두드러지다'의 뜻으로 유독 무리에서 눈에 띄거나 튀어 보일 때 쓰는 표현이에요.

I think your eyeshadow color makes you stand out.
너의 아이섀도 색이 널 더 눈에 띄게 하는 거 같아.

She likes to stand out.
그녀는 튀는 걸 좋아해요.

Your loud voice stands out in a crowd.
너의 큰 목소리가 군중 속에서 튄다.

Can I try?

발라봐도 될까요?

try를 '시도하다'로만 알고 있었다면 본문과 같이 '해봐도 되나요'라는 의미도 추가로 꼭 알아 두세요. try 대신 put on(~을 바르다)을 넣으면 Can I put on this foundation?(파운데이션을 발라봐도 될까요?)가 됩니다. put on과 같은 뜻으로 apply와 wear도 사용 가능해서 Can I apply that pink blusher?(저 분홍색 블러셔를 발라봐도 될까요?), I wear a light makeup.(나는 연하게 화장해요.)이라고 말할 수 있어요.

Can I try this? 이거 해봐도 되나요?
You should try it on. 한번 발라보는 게 어때요.
Why don't you try it? 한번 발라보시죠?

I'll look around a bit.

조금 둘러볼게요.

look around는 '둘러보다'의 의미로 비슷한 의미의 shop around라는 단어도 있어요. 말 그대로 여러 가게를 둘러본다는 의미입니다.

I'm just looking around. 둘러보고 있어요.
Can I look around the shop? 가게를 둘러봐도 될까요?

Drill 1

학습한 내용을 응용하여 영작해보세요.

1

特정한 립스틱을 찾고 있나요?　　　　　보기 for, lipstick, are, a, you, looking, specific

2

요즘 어떤 모자가 인기가 많나요?　　　　　보기 is, days, which, popular, cap, these

3

요즘 트렌드 컬러이고, 돋보이게 만들어줄 거예요.
　　　　　보기 stand, a, color, out, it's, makes, and, you, trending, it

4

발라봐도 될까요?　　　　　　　　　　보기 I, it, can, try

5

괜찮다면 조금 둘러볼게요.　　　　　보기 if, mind, I'll, around, you, look, don't

Drill 2

영어를 가리고 한국어를 보면서 바로 말할 수 있는지 체크해보세요.

☐ 찾으시는 제품이 있나요?	Are you looking for a specific product?
☐ 요즘 어떤 립스틱이 인기가 많나요?	Which lipstick is popular these days?
☐ 요즘 트렌드 컬러이고, 너무 튀지 않아요.	It's a trending color and it doesn't stand out too much.
☐ 발라봐도 될까요?	Can I try?
☐ 조금 둘러볼게요.	I'll look around a bit.
☐ 그녀는 튀는 걸 좋아해요.	She likes to stand out.
☐ 이게 요즘 인기가 많나요?	Is this popular these days?

정답　**1** Are you looking for a specific lipstick? **2** Which cap is popular these days? **3** It's a trending color and it makes you stand out. **4** Can I try it? **5** I'll look around if you don't mind.

바텐더에게 맥주 종류 물어보기

혼자 바에 간 리나. 오늘은 애나 선생님에게서 어떤 미션을 받게 될까요?

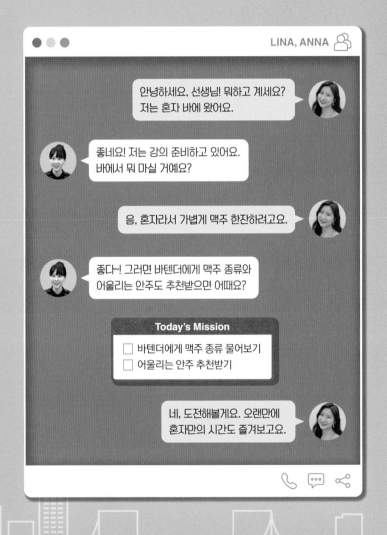

LINA, ANNA

안녕하세요, 선생님! 뭐하고 계세요?
저는 혼자 바에 왔어요.

좋네요! 저는 강의 준비하고 있어요.
바에서 뭐 마실 거예요?

음, 혼자라서 가볍게 맥주 한잔하려고요.

좋다~! 그러면 바텐더에게 맥주 종류와
어울리는 안주도 추천받으면 어때요?

Today's Mission

☐ 바텐더에게 맥주 종류 물어보기
☐ 어울리는 안주 추천받기

네, 도전해볼게요. 오랜만에
혼자만의 시간도 즐겨보고요.

Live Talk

Bartender	Hi, how are you?
Lina	Hi, I'm good. Thank you.
Bartender	How can I help you today?
Lina	Um... I will go with beer tonight. What kind of beer do you have?
Bartender	Oh, we have pilsner, lager, IPA, and stout.
Lina	I'd like to have a pilsner. Can you also recommend me a small bar dish? What goes well with that?
Bartender	Well, we have French fries with truffle oil and Macaroni and cheese.
Lina	French fries sounds really good. I will have that.
Bartender	Can I see your ID please?
Lina	Sure, here we go.
Bartender	Thank you. All set.
Lina	Thank you.

go with 선택하다　**what kind of** 어떤, 어떤 종류의　**pilsner** 필스너(옅은 라거 스타일의 체코 맥주의 한 종류)　**lager** 라거(저온에서 일정 기간 숙성시킨 맥주의 한 종류)　**IPA(India Pale Ale)** 영국식 맥주인 페일 에일의 한 종류　**stout** 스타우트(흑맥주)　**reocommend** (본인의 경험을 바탕으로) 추천하다　**bar dish** 안주　**go well with** ~와 잘 어울리다　**ID(identification)** 신분증　**all set** 확인 완료

바텐더	안녕하세요. 기분 어떠세요?		어떤 게 잘 어울리죠?
리나	안녕하세요, 좋아요. 감사합니다.	바텐더	음, 트러플 오일을 곁들인 감자
바텐더	오늘 어떻게 도와드릴까요?		튀김과 마카로니 앤드 치즈가 있
리나	음… 오늘은 맥주 마실 거예요.		어요.
	어떤 종류의 맥주가 있나요?	리나	감자튀김 좋네요. 그걸로 할게요.
바텐더	아, 필스너, 라거, IPA 그리고 흑	바텐더	신분증 좀 보여주시겠어요?
	맥주가 있어요.	리나	물론이죠, 여기 있습니다.
리나	필스너로 주세요. 안주도 추천해	바텐더	감사합니다. 확인 완료되었어요.
	주실 수 있나요?	리나	감사합니다.

Mission Completed

리나가 어떻게 미션을 달성했는지 보세요.

☑ 바텐더에게 맥주 종류 물어보기

Lina **Um… I will go with beer tonight. What kind of beer do you have?**

Bartender **Oh, we have pilsner, lager, IPA, and stout.**

Lina **I'd like to have a pilsner.**

맥주 종류를 물어볼 때는 What kind of beer do you have?라고 하면 됩니다. 여기서 꼭 가져가야 할 부분은 〈What kind of + 명사 + do you have?〉예요. have 대신 like나 want로 바꿔서 What kind of music do you like?(어떤 음악 좋아해?) 또는 What kind of food do you want to try?(뭐 먹어보고 싶니?)로 물어봐도 됩니다.

☑ 어울리는 안주 추천받기

Lina **Can you also recommend me a small bar dish?**
What goes well with that?

Bartender **Well, we have French fries with truffle oil and Macaroni and cheese.**

어울리는 안주를 추천받고 싶으면 Can you recommend me a small bar dish?라고 하면 됩니다. bar dish는 '안주'라는 의미가 되겠죠? 그럼 recommend(추천하다)와 같은 의미를 가지는 suggest와는 어떤 차이가 있을까요? recommend는 본인의 경험을 바탕으로 추천을 해주는 것으로, suggest보다는 좀 더 강한 추천을 표현해요. suggest는 일반적인 추천의 의미입니다. I suggested a good restaurant to Anna.(애나에게 괜찮은 식당을 추천해줬어요.) I recommend doing push-ups at home every day.(매일 집에서 팔굽혀펴기를 하는 걸 추천해요.)

Oh, we have pilsner, lager, IPA, and stout.

아, 필스너, 라거, IPA 그리고 흑맥주가 있어요.

한국에서 제조되는 맥주는 생맥주를 포함해서 전부 lager(라거) 맥주라고 해요. 라거 맥주는 독일어의 lager(저장품)에서 유래된 것으로, 저장 공정에서 숙성한 맥주를 말해요.

라거 맥주 중에서 엷은 색의 맥주를 pale lager(페일 라거)라고 하는데, 그중에 황금빛 라거인 pilsner(필스너)가 포함되어 있다고 해요. 당시 유럽에는 어두운 빛깔의 ale(에일) 맥주가 대부분이었는데 엷은 색의 쓴맛이 강한 체코 맥주인 pilsner가 맥주의 한 획을 그었답니다.

IPA는 India Pale Ale(인디아 페일 에일)의 약어로, 홉을 많이 넣어 만든 맥주여서 알코올 도수가 높고 쓴맛이 강하며 아로마 향이 풍부한 것이 특징이에요. Stout(스타우트)는 '강하다'라는 뜻으로 스타우트 에일 또는 스타우트 비어를 간단히 줄여 부르는 호칭입니다.

I'll have a pilsner.	필스너로 주세요.
She only drinks stout.	그녀는 흑맥주만 마셔요.
Sorry, we don't have IPA.	죄송해요, IPA가 없네요.

I'd like to have a pilsner.

필스너로 주세요.

식당에 가면 정말 자주 사용하는 표현이죠. 〈I'd like to + 동사원형〉은 '~하고 싶다'라는 뜻으로 동사원형에 have를 넣어서 I'd like to have some wine.(와인으로 주세요.)처럼 사용해요. drink를 넣으면 I'd like to drink a cocktail.(칵테일을 마실게요.)처럼 표현할 수 있습니다.

I'd like to have some cheese and ham.	치즈와 햄으로 주세요.
I'd like to have a glass of vodka.	보드카 한 잔 주세요.
I'd like to have a pet.	반려동물을 갖고 싶어요.

What goes well with that?

어떤 게 잘 어울리죠?

What goes well with that?에서 go well은 '궁합이 잘 맞다'라는 뜻으로 뒤에 with를 넣어 go well with라고 하면 '~와 잘 어울리다'라는 뜻이 됩니다. 대화문에서는 리나가 필스너 맥주와 잘 어울릴 만한 안주가 어떤 것인지를 이 표현으로 물었죠. '감자튀김이 필스너와 잘 어울려요.'라고 하려면 French fries go well with pilsner.라고 대답하면 되겠죠. 와인과 잘 어울리는 안주를 말할 때는 This red wine really goes well with steak.(이 레드 와인은 스테이크와 정말 잘 어울려요.) 또는 This white wine goes well with salmon.(이 화이트 와인은 연어와 잘 어울려요.)라고 말할 수 있습니다.

Ketchup goes well with hot dogs.
케첩은 핫도그와 잘 어울려요.

Jeans go well with anything.
청바지는 어떤 것과도 잘 어울려요.

Could you show me some ties that go well with my jacket?
제 재킷과 잘 어울리는 넥타이 몇 개를 보여주실래요?

➕ go well은 어떤 일이 순조롭게 진행될 때도 쓸 수 있습니다. Did it go well?(잘됐어?) Yes, it went very well.(응, 아주 잘됐어.)와 같이 사용할 수 있습니다.

Can I see your ID please?

신분증 좀 보여주시겠어요?

ID라 해서 웹사이트 ID를 생각하면 안 되죠. Identification(신분증)을 줄여서 ID라고 합니다. 우리가 말하는 웹사이트에서 쓰는 ID는 영어로 account라고 해요. 술집에서 나이를 확인할 때는 ID 외에도 passport(여권)나 driver's license(운전면허증)를 보여달라고 할 수 있습니다.

You should carry ID at all times.　　신분증을 항상 지니고 다녀야 해요.
May I see your ID?　　신분증 좀 볼 수 있을까요?
Get your ID out and fill out the form.　　신분증을 꺼내서 서류를 작성해.

Drill 1

학습한 내용을 응용하여 영작해보세요.

1

_____

어떤 종류의 후식이 있나요?　　　　　　　보기 you, kind, have, what, dessert, do, of

2

_____

흑맥주나 필스너는 없어요.　　　　　　　보기 or, don't, pilsner, we, stout, have

3

_____

와인과는 어떤 게 잘 어울리죠?　　　　　보기 with, what, wine, well, goes

4

_____

마카로니 앤드 치즈 좋네요.　　　　　　　보기 sounds, cheese, really, and, macaroni, good

5

_____

여권을 볼 수 있을까요?　　　　　　　　보기 passport, I, your, can, see

Drill 2

영어를 가리고 한국어를 보면서 바로 말할 수 있는지 체크해보세요.

☐ 오늘 어떻게 도와드릴까요?	How can I help you today?
☐ 어떤 종류의 맥주가 있나요?	What kind of beer do you have?
☐ 아, 필스너와 라거가 있어요.	Oh, we have pilsner and lager.
☐ 필스너로 주세요.	I'd like to have a pilsner.
☐ 케첩은 핫도그와 잘 어울려요.	Ketchup goes well with hot dogs.
☐ 안주도 추천해주실 수 있나요?	Can you also recommend me a small bar dish?
☐ 신분증 좀 보여주시겠어요?	Can I see your ID please?

 정답 **1** What kind of dessert do you have? **2** We don't have stout or pilsner. **3** What goes well with wine? **4** Macaroni and cheese sounds really good. **5** Can I see your passport?

바에서 스몰톡 하기

혼자 바에서 스포츠 경기를 보고 있는 리나. 오늘은 어떤 미션을 받게 될까요?

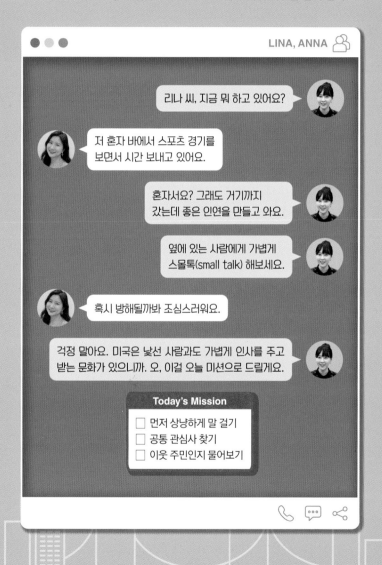

Live Talk

Lina	Hey, how's it going?
Neighbor	Hey, I'm good. How about you?
Lina	I'm good. Are you an NBA fan?
Neighbor	Yeah. You as well I'm assuming. Which team do you root for?
Lina	New York Nix. How about you?
Neighbor	Likewise. Nice to meet you.
Lina	Nice to meet you, too.
Neighbor	Are you from this neighborhood?
Lina	Yes, I just moved here.

NBA(National Basketball Association) 미국 프로 농구 협회 fan (영화, 스포츠 등의) 팬 as well 또한, 역시 assume 추정하다 root for 응원[격려]하다 likewise 마찬가지로 neighborhood 근처, 이웃 move to here 이사 오다 just 근래에

리나	안녕하세요. 기분 어떠세요?	리나	뉴욕 닉스요. 그쪽은요?
이웃	안녕하세요. 좋아요. 그쪽은요?	이웃	저도요. 만나서 반가워요.
리나	저도요. NBA 팬이세요?	리나	만나서 반가워요.
이웃	네, 그쪽도 마찬가지인 것 같은	이웃	이 근처에 사세요?
	데. 어느 팀 응원하세요?	리나	네, 얼마 전에 이사 왔어요.

Mission Completed

리나가 어떻게 미션을 달성했는지 보세요.

☑ 먼저 상냥하게 말 걸기

Lina **Hey, how's it going?**

Neighbor **Hey, I'm good. How about you?**

낯선 사람과 스몰톡을 할 때는 How's it going?처럼 가볍게 인사하면서 시작하세요. 대답할 때는 I'm fine.으로 대답하는 것보다는 Not bad. Good. Fantastic. 등 정확한 나의 상태로 감정을 전달해보세요.

☑ 공통 관심사 찾기

Lina **I'm good. Are you an NBA fan?**

Neighbor **Yeah.**

인사를 나눈 후에는 공통 관심사로 가볍게 이야기를 이끌 수 있는데요. 스포츠 경기를 보는 상황인 리나는 Are you an NBA fan?이라고 하면서 스포츠로 대화를 시작하고 있죠. I'm a big fan of NBA.(나는 NBA의 대단한 팬이에요.)나 I'm into NBA.(나는 NBA에 빠져 있어요.)라는 표현도 알아둡시다.

☑ 이웃 주민인지 물어보기

Neighbor **Are you from this neighborhood?**

Lina **Yes, I just moved here.**

가장 많이 하는 스몰톡으로 상대방의 출신을 묻는 표현이 있죠. 〈Are you from~?〉 또는 〈Where are you from~?〉으로 묻고, 대답은 I'm from Korea.(한국 사람이에요.)나 I'm from Seoul.(서울 사람이에요.)이라고 하면 됩니다.

You as well I'm assuming.

그쪽도 마찬가지인 것 같은데.

assume 은 '~인 것 같다'라는 뜻으로 앞의 말이 사실일 것으로 추정할 때 쓰는 표현이에요. 대화문에서 옆의 사람이 리나도 뉴욕 닉스 팬인 것 같다고 확신을 갖고 You as well I'm assuming.이라고 말하죠. 그럼 assume과 비슷하게 '추정하다'라는 뜻을 가진 presume과는 어떻게 다를까요? assume은 어떤 근거나 증거 없이 추정하는 것이고, presume은 어느 정도 근거나 증거를 가지고 추정하는 것입니다.

I'm assuming that they're still alive.
나는 아직도 그들이 살아 있다고 믿는다.

Are you assuming that this painting really is a Picasso?
이 그림이 진짜 피카소 작품인 것 같다고 생각하니?

He's assuming these activities are dangerous.
그는 이 활동들을 위험한 것으로 여겨요.

Which team do you root for?

어느 팀을 응원하세요?

⟨root for + someone/something⟩은 '응원하다, 격려하다'라는 표현이에요. I'm rooting for you!라고 하면 누군가가 뭔가에 도전하거나 어려운 상황에 있을 때 잘되기를 기원하고 응원하며 사용해요. 그리고 스포츠에서 특정 팀이나 선수를 응원하는 의미로도 사용합니다. 또 스포츠 경기가 있을 때 어떤 팀을 지지하는지 물어볼 때도 사용하는 표현이에요. 대화문에서는 '당신은 어떤 팀을 응원해요?'라는 의미로 사용되었죠.

I'm rooting for the Lakers.　　　　레이커스를 응원해요.
We'll root for you.　　　　　　　　우리가 응원할게.
I need to be there to root for my team.　　내 팀을 응원하러 거기에 가야 해.

Likewise. Nice to meet you.

저도요. 만나서 반가워요.

Likewise.

Likewise는 '마찬가지야, 또한'이라는 의미로 앞에서 말한 상대방의 말을 동감할 때 쓰는 표현이에요. Likewise는 '또한, 게다가'의 뜻인 also 대신에 사용해도 됩니다. I liked it very much. Also, it was cheap. = I liked it very much. Likewise, it was cheap. '그게 아주 좋았어요. 또한 쌌거든요.'

The final exam was likewise difficult. 기말고사도 마찬가지로 어려웠어요.
Likewise, I'm a big fan of the Dodgers. 마찬가지로, 나도 다저스의 왕 팬이에요.
She's likewise our teacher. 그녀 또한 우리 선생님이에요.

Nice to meet you

Nice to meet you.는 누군가를 처음 만났을 때 하는 인사이고 Nice to see you.는 전에 알고 지내던 사람을 다시 만났을 때 하는 인사예요.

Pleased to meet you. 만나서 반가워요.
I'm glad to meet you. 만나서 반가워요.
Nice to meet you, too. 저도 만나서 반가워요.

Yes, I just moved here.

네, 얼마 전에 이사 왔어요.

move라는 단어는 이사를 갔을 때도 사용할 수 있고 이민을 갔을 때도 사용할 수 있어요. '이민을 오다'라는 뜻의 immigrate와 '이민을 가다'라는 뜻의 emigrate라는 단어가 있다는 것도 알아두세요. Many people immigrated to America from Korea.(많은 사람이 한국에서 미국으로 이민을 왔어요.) I'm thinking of emigrating to Korea.(한국으로 이민 갈 생각을 하고 있어요.)

I moved to Seoul.
나는 서울로 이사를 갔어요.
Hopefully, I'll move to America next year!
바라건대, 내년에 미국으로 이민 갔으면 좋겠어요.
The company moved to England.
회사가 영국으로 이사를 갔어요.

Drill 1

학습한 내용을 응용하여 영작해보세요.

1

시카고 불스 팬인가요?　　　　　　　　　　　보기 fan, a, you, Chicago Bulls, are

2

레이커스 팀을 응원해요.　　　　　　　　　　보기 for, the Lakers, I'm, rooting

3

저도요. 만나서 반가워요.　　　　　　　　　　보기 to, you, likewise, glad, meet, I'm

4

한국에서 오셨나요?　　　　　　　　　　　　보기 from, are, Korea, you

5

얼마 전에 캘리포니아에서 이사 왔어요.　　　보기 from, California, I, moved, just

Drill 2

영어를 가리고 한국어를 보면서 바로 말할 수 있는지 체크해보세요.

☐ 기분 어떠세요?　　　　　　How's it going?

☐ NBA 팬이세요?　　　　　　Are you an NBA fan?

☐ 네, 그쪽도 마찬가지인 것 같은데.　Yeah. You as well I'm assuming.

☐ 어느 팀 응원하세요?　　　　Which team do you root for?

☐ 저도요. 만나서 반가워요.　　Likewise. Nice to meet you.

☐ 이 근처에 사나요?　　　　　Are you from this neighborhood?

☐ 얼마 전에 이사 왔어요.　　　I just moved here.

 1 Are you a Chicago Bulls fan? **2** I'm rooting for the Lakers. **3** Likewise. I'm glad to meet you. **4** Are you from Korea? **5** I just moved from California.

직원에게 후한 팁 주기

바에서 즐거운 시간을 보낸 후 계산을 하려는 리나. 오늘은 어떤 미션을 받게 될까요?

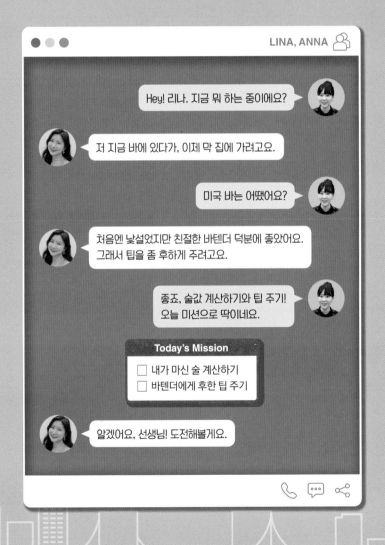

Lina	**Excuse me**, thanks for the drinks.
	It was really good.
	Can I have the check, please?
Bartender	**You're welcome.** And here's the **check**.
Lina	Thank you.
	You can **keep** the **change**.
Bartender	Oh, thank you.
	Have a good night.
Lina	**Good night.**

drink 술   **check** 계산서   **keep** 가지다   **change** 잔돈   **Good night**. 좋은 밤 되세요.[잘 자요.]

리나	저기요, 술 잘 마셨어요.
	정말 좋았어요.
	계산서 주시겠어요?
바텐더	별말씀을요. 계산서 여기 있습니다.
리나	감사합니다.
	잔돈은 괜찮습니다.
바텐더	아, 감사합니다. 좋은 밤 되세요.
리나	좋은 밤 되세요.

Mission Completed

리나가 어떻게 미션을 달성했는지 보세요.

☑ 내가 마신 술 계산하기

Lina **Excuse me, thanks for the drinks.**
It was really good. Can I have the check, please?

Bartender **You're welcome. And here's the check.**

앉은 자리에서 계산서를 요구할 경우에는 직원을 불러서 Can I have the check, please?(계산서 주시겠습니까?)라고 말해요. 요즘은 여럿이 와도 각자 결제하는 경우가 많아서 직원이 Will you pay together or seperately?(같이 계산하시나요, 아니면 따로 계산하시나요?)라고 묻는 일이 많아요. 대답은 짧게 Together.(같이) 또는 Seperately.(따로)라고 하면 됩니다.

☑ 바텐더에게 후한 팁 주기

Lina **Thank you. You can keep the change.**

Bartender **Oh, thank you.**

팁을 줄 때 굉장히 자주 사용하는 표현으로 You can keep the change.(잔돈은 안 주셔도 괜찮습니다.)가 있어요. 혹은 가볍게 Keep the change.만 써도 됩니다. 한국과 달리 미국은 팁 문화가 발달되어 있어서 보통 서빙을 해주는 식당에 가면 서빙해주는 직원에게 음식 가격의 10%에서 20%의 팁을 줍니다.

Excuse me, thanks for the drinks.

저기요, 술 잘 마셨어요.

Excuse me.는 여러 의미를 가진 표현이에요. 대화문에서는 리나가 바텐더의 시선을 끌고 싶을 때 Excuse me.(저기요.)라고 했죠. 그 외에 상대방이 내 앞을 가로막고 있어서 좀 비켜달라고 할 때도 Excuse me.(실례합니다.)라고 해요. 또 상대방의 말에 동의하지 못하거나 상대방의 말을 끊고 싶을 때도 Excuse me!(잠시만요!)라고 할 수 있죠. 이처럼 다양한 목소리의 톤으로 상황에 맞게 말할 수 있습니다.

Excuse me, can I have the check?   저기요, 계산서 좀 주실래요?
Excuse me, passing through.   실례합니다, 지나갑니다.
Excuse me! I don't agree with you.   잠시만요! 난 찬성할 수 없어요.

You're welcome. And here's the check.

별말씀을요. 계산서 여기 있습니다.

You're welcome.
You're welcome은 '별말씀을요.' 혹은 '천만에요.'라는 뜻으로 문장에 very를 넣어서 강하게 You're very welcome.으로도 말해요.

You're very welcome.   별말씀을요.
➕ 정중한 표현으로 It's my pleasure나 My pleasure도 있어요. 캐주얼한 표현으로는 Anytime! 또는 It was nothing.이 있습니다.
My pleasure.   천만에요.
Anytime.   언제든지요.
It was nothing.   별거 아니었어요.

check
check와 bill은 둘 다 '계산서'예요. check는 미국에서 자주 쓰는 단어이고 bill은 영국에서 흔히 쓰는 단어입니다. 그렇다고 미국인들이 bill이라는 단어를 사용하지 않는 건 아니에요!

Check, please.   계산서 주세요.
Let's ask for the check.   계산서 갖다달라고 하자.
Could you bring me the check please?   계산서 좀 갖다주시겠습니까?

You can keep the change.
잔돈은 괜찮습니다.

---

keep + 명사

동사 keep은 '가지다, 간직하다'라는 뜻으로 have와 같은 의미로 쓰여요. Keep 다음에 명사가 오면 해당 명사를 가지거나 간직한다고 해석하면 됩니다.

He keeps a shop.	그는 가게를 가지고 있어요.
I will keep it forever.	나는 이것을 영원히 간직할 거예요.
You can keep this book.	이 책을 가져도 돼요.

---

change

현금보다는 신용카드 결제가 빈번한 요즘, 자주 들어보지 못하는 단어지만 현금으로 지불하고 남은 '잔돈' 또는 '거스름돈'이 생기면 이걸 change라고 말해요. 또는 small change, small money라고도 합니다.

You don't have to give me change.	잔돈은 안 주셔도 됩니다.
I don't have any change for the bus fare.	버스 요금 낼 잔돈이 없어요.
Can I keep the small change?	잔돈은 가져도 되나요?

Good night.
좋은 밤 되세요.

Good night.은 Have a good night.과 같은 말인데요. 밤에 하는 인사로 '좋은 밤 되세요.'라는 뜻이고 잠자리에 드는 상황에서는 '잘 자요.'라는 말이에요. Good night.을 줄여서 G'night.이라고도 말합니다. 가까운 친구 사이에서는 Night-night. 또는 Nighty-night.이라고도 해요.

Good night, sweet dreams.	잘 자고 좋은 꿈 꿔.

➕ 잠자리에 드는 아이에게 부모가 사용하는 표현으로 Sleep tight.이 있어요. 또한 Sweet dreams.나 Sleep well. 같은 다양한 표현이 있습니다.

Night night, sleep tight!	안녕, 잘 자거라!
Sleep tight!	푹 잘 자.
It's time for bed.	잘 시간이야.

1

저기요, 물 좀 주실 수 있으세요?　　　보기 have, excuse, water, I, can, me, some

2

천만에요. 계산서 여기 있습니다.　　　보기 your, my, it's, here's, pleasure, check

3

계산서 좀 갖다 주시겠습니까?　　　보기 bill, bring, could, please, you, me, the

4

나는 이 사진을 영원히 간직할 거예요.　　　보기 will, forever, keep, I, the picture

5

자판기에 쓸 잔돈이 없어요.　　보기 for, any, I, vending machine, don't, change, the, have

Drill 2

영어를 가리고 한국어를 보면서 바로 말할 수 있는지 체크해보세요.

☐ 저기요, 술 잘 마셨어요.	Excuse me, thanks for the drinks.
☐ 계산서 주시겠어요?	Can I have the check, please?
☐ 계산서 여기 있습니다.	Here's the check.
☐ 잔돈은 괜찮습니다.	You can keep the change.
☐ 별거 아니었어요.	It was nothing.
☐ 계산서 갖다달라고 하자.	Let's ask for the check.
☐ 잔돈은 안 주셔도 됩니다.	You don't have to give me change.

정답　**1** Excuse me, can I have some water? **2** It's my pleasure. Here's your check. **3** Could you bring me the bill please? **4** I will keep the picture forever. **5** I don't have any change for the vending machine.

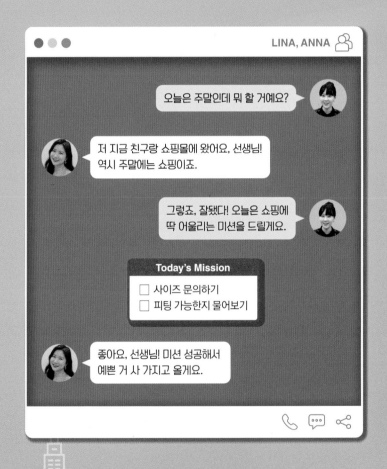

마음에 드는 옷 입어보기

친구와 쇼핑몰에 간 리나.
오늘은 애나 선생님이 어떤 미션을 줄까요?

Employee	Hello. Those are really popular these days. You can try it on!
Lina	Um… I'm not sure about my shoe size in the US. But my shoe size is 230mm in Korea.
Employee	Oh! So that would be 6.5 in US size. I can bring that for you. Also, this would look so good with them! You can try it on as well!
Lina	Wow, this is so pretty!
Employee	I can also bring one for you.
Lina	Okay, I'll try that. Where's the fitting room?
Employee	So the fitting room would be right over there in that corner.
Lina	Thank you.
Employee	Of course.

try on 입어[신어]보다　**shoe size** 신발 사이즈　**bring** 가져다주다, 가져오다, 데려오다　**look so good with** ~와 아주 잘 어울리다　**fitting room** 탈의실, 피팅 룸

직원	안녕하세요~ 요즘 엄청 잘 나가는 거예요. 신어보세요!
리나	음… 미국에서 신발 사이즈가 어떻게 되는지 잘 모르겠어요.
	한국에서는 230mm예요
직원	아! 그럼 미국 사이즈로 6.5이겠네요. 가져다드릴게요.
	그리고 신발이랑 이거 엄청 잘 어울릴 거예요! 이것도 입어보세요!
리나	와, 정말 예쁘네요!
직원	하나 더 가져다드릴 수 있어요.
리나	좋아요, 입어볼게요. 탈의실이 어디죠?
직원	탈의실은 저 모퉁이 쪽에 있어요.
리나	감사합니다.
직원	천만에요.

Mission Completed

리나가 어떻게 미션을 달성했는지 보세요.

☑ 사이즈 문의하기

Lina **Um... I'm not sure about my shoe size in the US.**
But my shoe size is 230mm in Korea.

Employee **Oh! So that would be 6.5 in US size. I can bring that for you.**

신발 사이즈나 옷 사이즈는 한국, 미국, 유럽이 다 다르게 표기해요. 그래서 외국에 가서 신발을 사려고 하면 사이즈 때문에 고민이 많죠. 이럴 땐 직원에게 I'm not sure about my shoe size in the US.라고 말하면 됩니다. 바지 사이즈를 모를 때는 I'm not sure about my pants size.라고 하고요. 간단하죠? I have no idea를 써서 말할 수도 있어요. I have no idea about my shoe size in the US.

☑ 피팅 가능한지 물어보기

Lina **Okay, I'll try that. Where's the fitting room?**

Employee **So the fitting room would be right over there in that corner.**

매장에서 옷을 입어보겠다고 할 때는 Okay, I'll try that. Where's the fitting room?이라고 해요. 혹은 I'll try that. Can you tell me where the fitting room is?라고 해도 됩니다. 이렇게도 요청해볼까요? '이거 작은 사이즈 있나요?' Do you have this in a smaller size? '이거 검은색 있나요?' Do you have this in black?

You can try it on!

신어보세요!

try on은 '~을 입어[신어]보다'라는 뜻으로, 매장 직원이 리나에게 신발을 신어보라고 하네요. 이렇게 직원이 You can try it on! 이나 What are you looking for?(찾으시는 것 있으세요?)라고 물어볼 때 할 수 있는 대답을 알아볼까요? '그냥 둘러보고 있어요.'라고 하려면 Not really, I'm just looking around. 또는 No, I'm just browsing, thanks.라고 하면 됩니다.

I'll try on the jeans.	이 청바지를 입어볼게요.
Can I try on this sweater?	이 스웨터를 입어봐도 될까요?
Try on the shoes for size.	사이즈 맞는지 신발을 신어보세요.

I'm not sure about my shoe size in the US.

미국에서 내 신발 사이즈가 어떻게 되는지 잘 모르겠어요.

대부분 신발 사이즈는 shoes size라고 생각하지만 shoe size라고 합니다. 내 사이즈를 잘 모를 때는 I'm not sure(~가 확실하지 않다)라는 표현을 사용해서 I'm not sure about my shoe size in the US.라고 말하면 됩니다. 신발 사이즈를 정확히 알고 있다면 어떻게 말할까요? I wear size 6.처럼 말하면 되겠죠. 동사 wear은 옷뿐만 아니라 '신발을 신다', '악세사리를 하다', '향수를 뿌리다' 등 다양하게 사용할 수 있습니다.

만약 마음에 드는 신발을 신어보고 싶다면? Can I try on the shoes? 일반명사로 try on을 사용해서 문장을 만들 땐 Can I try the shoes on? 또는 Can I try on the shoes?라고 합니다. 둘 다 가능하지만 대명사를 이용해 문장을 만들 땐 Can I try them on?과 같이 them을 try와 on 사이에 넣어야 합니다.

It's hard to tell my exact shoe size.
내 정확한 신발 사이즈를 말하기가 어렵네요.

I can't say for sure about my shoe size.
제 신발 사이즈를 정확히 말 못 하겠어요.

I'm not positive about my shoe size.
저는 제 신발 사이즈가 확실하지 않아요.

So that would be 6.5 in US size.

그럼 미국 사이즈로 6.5겠네요.

미국 신발 사이즈를 말할 때는 6.5 in US size라고 하고, 6.5는 six and a half라고 말합니다. 내 신발 사이즈를 말하면서 신어보고 싶다고 할 땐 어떻게 말할까요? Can I try these on in a size 6.5, please?라고 하면 되는데, a size를 생략해서 Can I try these on in a six and a half, please?라고도 말할 수 있습니다.

I wear a six in US size.
저는 미국 사이즈로 6을 신어요.

Can I try these in an eight-and-a-half in US size?
미국 사이즈로 8.5를 신어봐도 될까요?

Yours would be a seven-and-a-half in US size.
당신 것은 미국 사이즈로 7.5일 거예요.

➕ 신발을 신고 난 후에 점원에게 들을 수 있는 표현들도 알아볼까요? 사이즈가 잘 맞나요? Does it fit you well? Is that right size for you? 내가 할 수 있는 표현으로는 I think these are too big/small.(좀 큰/작은 거 같아요.), Do you have this in a bigger/smaller size?(좀 더 큰/작은 것이 있나요?), Do you have this in black?(이거 검은색이 있나요?), Do you have this in different color?(이거 다른 색도 있나요?)

Okay, I'll try that. Where's the fitting room?

좋아요, 입어볼게요. 탈의실이 어디죠?

옷을 입어보기 위해서는 탈의실이 어디 있는지를 물어봐야겠죠. 탈의실은 fitting room으로 '~은 어디 있나요?'는 〈Where's~?〉 패턴을 사용해 Where's the fitting room?이라고 해요. Where 대신에 〈Can you tell me~?〉를 써서 말할 수도 있어요. Can you tell me where the fitting room is?

Where's the women's fitting room?	여성 탈의실은 어디인가요?
Where's the ladies' room?	여자 화장실은 어디에 있나요?
Where's the shoe store?	신발 매장은 어디에 있나요?

➕ 옷가게에서 쓸 수 있는 다양한 표현들을 알아볼까요?

It's okay but I'd like to try on different ones too.
다른 것도 입어보고 싶어요.

I think it's too big for me, do you have one size smaller?
너무 큰데, 한 사이즈 작은 거 있나요?

1

입어보세요!   보기 on, can, them, try, you

2

미국에서 바지 사이즈가 어떻게 되는지 잘 모르겠어요.

보기 my, not, US, I'm, pants, sure, the, about, size, in

3

내 정확한 신발 사이즈를 말하기가 어렵네요.   보기 shoe, hard, my, size, it's, to, exact, tell

4

미국 사이즈로 8.5를 신어봐도 될까요?

보기 in, please, I, an eight-and-a-half, can, these, size, in, try, US

5

여성 탈의실은 어디인가요?   보기 women's, room, where's, fitting, the

Drill 2

영어를 가리고 한국어를 보면서 바로 말할 수 있는지 체크해보세요.   18 02

☐	신어보세요!	You can try it on!
☐	미국에서 신발 사이즈가 어떻게 되는지 잘 모르겠어요.	I'm not sure about my shoe size in the US.
☐	한국에서는 230mm예요.	But my shoe size is 230mm in Korea.
☐	그럼 미국 사이즈로 6.5겠네요.	So that would be 6.5 in US size.
☐	좋아요, 입어볼게요. 탈의실이 어디죠?	Okay, I'll try that. Where's the fitting room?
☐	탈의실은 저 모퉁이 쪽에 있어요.	The fitting room would be right over there in that corner.
☐	이거 작은 사이즈 있나요?	Do you have this in a smaller size?

정답 **1** You can try them on! **2** I'm not sure about my pants size in the US. **3** It's hard to tell my exact shoe size. **4** Can I try these in an eight-and-a-half in US size, please? **5** Where's the women's fitting room?

친구 선물 구매하기

친구 생일 선물을 사기 위해 쇼핑몰에 간 리나.
오늘은 어떤 미션을 성공할 수 있을까요?

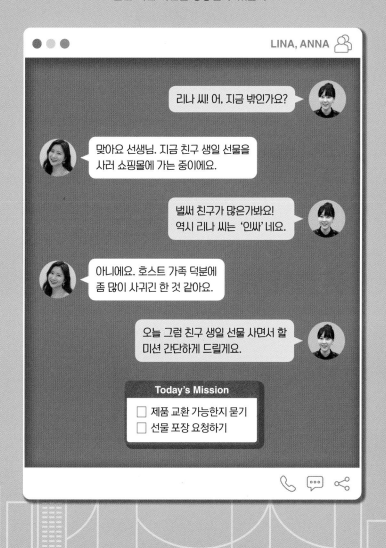

LINA, ANNA

리나 씨! 어, 지금 밖인가요?

맞아요 선생님. 지금 친구 생일 선물을
사러 쇼핑몰에 가는 중이에요.

벌써 친구가 많은가봐요!
역시 리나 씨는 '인싸'네요.

아니에요. 호스트 가족 덕분에
좀 많이 사귀긴 한 것 같아요.

오늘 그럼 친구 생일 선물 사면서 할
미션 간단하게 드릴게요.

Today's Mission

☐ 제품 교환 가능한지 묻기
☐ 선물 포장 요청하기

Live Talk

Lina	Hello~ I have **a few** things to ask.
Employee	Sure, what can I help you with?
Lina	So… I'm going to buy this one for my friend's birthday present, but her size might be different. Is it exchangeable?
Employee	Sure, so what we do we give you a gift receipt, and then your friend can exchange her gift for any other items in the store.
Lina	Great. Um… Do you guys gift-wrap here as well?
Employee	Yes, we do. And we don't **charge extra** for that. Just give me one minute.
Lina	Wow, thank you so much!

a few things 몇 가지[개], 조금　**exchangeable** 교환 가능한　**gift receipt** 선물 교환권　**item** 물품, 품목, 항목　**gift-wrap** 선물용으로 포장하다　**charge extra** 요금을 따로 받다

리나	안녕하세요~ 물어볼 게 있는데요.
직원	네, 무엇을 도와드릴까요?
리나	친구 생일 선물로 이걸 사려고 하는데요, 사이즈가 다를 수도 있을 것 같아서요. 교환 가능한가요?
직원	네, 저희가 선물용 영수증을 드리니까, 친구분이 매장에 있는 어떤 상품으로든 교환할 수 있어요.
리나	좋아요. 음… 선물 포장도 가능한가요?
직원	네, 가능해요. 추가 비용은 없어요. 잠시만 기다리세요.
리나	와, 감사합니다!

Mission Completed

리나가 어떻게 미션을 달성했는지 보세요.

☑ 제품 교환 가능한지 묻기

Lina   **So… I'm going to buy this one for my friend's birthday present, but her size might be different. Is it exchangeable?**

Employee   **Sure.**

매장 직원에게 교환이 가능한지 물어볼 때는 Is it exchangeable?이라고 해요. 아니면 환불이 가능한지를 물어보고 싶을 수도 있겠네요. 그럴 땐 exchangeable 자리에 refundable이라는 단어를 써서 말합니다. Is it refundable? 직원이 환불이나 교환을 거절할 때는 어떻게 말할까요? Sorry but this is not refundable.(죄송하지만 환불이 불가합니다.), Sorry but this is not exchangeable.(교환이 불가합니다.)

☑ 선물 포장 요청하기

Lina   **Great. Um… Do you guys gift-wrap here as well?**

Employee   **Yes, we do. And we don't charge extra for that. Just give me one minute.**

Lina   **Wow, thank you so much!**

선물로 산 상품이 포장이 되는지를 물어볼 때는 Do you guys gift-wrap here as well?이라고 해요. gift-wrap here 대신에 do gift wrapping이라고 말해도 됩니다. Do you guys do gift wrapping here? 이번엔 좀 더 공손하게 한번 요청해볼까요? 공손함을 나타낼 땐 could와 please를 쓰면 되죠. Could you gift-wrap this, please? 아니면 간단하게 이렇게 말해보세요. Please gift-wrap it.

I have a few things to ask.

물어볼 게 있는데요.

a few는 '약간의, 적은 수'를 뜻하며, 〈a few + 셀 수 있는 복수명사〉 패턴을 사용해 I have a few things to ask.라고 하면 '물어볼 게 좀 있는데요.'라는 표현입니다. 셀 수 없는 명사 앞에는 a little을 넣은 〈a little + 셀 수 없는 명사〉 패턴을 사용해 I can drink a little milk.(나는 우유를 조금 마실 수 있어요.)라고 할 수 있어요.

I brought a few books.   나는 책 몇 권을 가지고 왔어요.

You can find a few cookies in the jar.   병에서 쿠키를 조금 봤어요.

I need a few things from the grocery store.   가게에서 살게 몇 가지 있어요.

➕ few와 little은 부정적인 뉘앙스로 '거의 없는'이라는 뜻입니다. 마찬가지로 few 뒤에는 셀 수 있는 명사가 오고, little 뒤에는 셀 수 없는 명사가 옵니다.

Few people can understand the pain.
그 고통을 이해하는 사람은 거의 없다.

There is little time to prepare for the exam.
시험을 준비할 시간이 거의 없다.

Is it exchangeable?

교환 가능한가요?

형용사 exchangeable는 '교환 가능한'이라는 뜻으로, Is it exchangeable?에서는 it이 교환 가능한지를 묻는 거겠죠. 가게에서 판매되는 물품이 환불이 가능한지를 물어볼 때는 '환불 가능한'이라는 뜻의 refundable을 사용해서 Is it refundable? 또는 Can I get a refund? 라고 말할 수 있습니다.

These goods are not exchangeable.
이 제품들은 교환이 불가능합니다.

Sorry, but it is not exchangeable for money.
미안하지만 돈으로 바꿀 수 없습니다.

The products in that section are exchangeable.
저쪽의 제품들은 교환이 가능합니다.

Your friend can exchange her gift for any other items in the store.

친구분이 매장에 있는 어떤 상품으로든 교환할 수 있어요.

동사 exchange는 '교환하다, 주고받다, 나누다'라는 뜻으로, 가게에서는 산 물건을 교환할 때 사용합니다. 점원이 Sorry, but it's too late to exchange it.(교환하기에는 너무 늦으셨네요.)이라고 할 수도 있겠죠. 또는 이렇게 말할 거예요. For now, we only have that size.(현재는 그 사이즈밖에 없네요.)

I'd like to exchange this, please.	이것을 교환하고 싶습니다.
I'd like to exchange it for another size.	다른 사이즈로 교환해주세요.
I want to exchange it for a larger size.	더 큰 사이즈로 교환을 원합니다.

Do you guys gift-wrap here as well?

선물 포장도 가능한가요?

gift wrap은 동사와 명사의 의미를 둘 다 가지고 있어요. 여기서는 '선물을 포장하다'라는 동사로 쓰여서 Could you gift-wrap this, please?라고 하거나 do gift wrapping을 써서 말할 수도 있습니다. Do you do gift wrapping here?

You should gift-wrap that before the party.
파티 전에 그것을 선물 포장해야 할 거 같아요.

I could gift-wrap it for you.
제가 당신을 위해 선물을 포장해줄 수 있어요.

And we don't charge extra for that.

추가 비용은 없어요.

charge extra은 '요금을 따로 받다'라는 뜻이고 거꾸로 extra charge는 '추가 요금, 특별 요금'이라는 뜻입니다. We don't charge extra for that.(그것은 요금을 따로 받지 않습니다.), There is no extra charge.(추가 요금이 없어요.)

Do you charge extra for gift wrapping?	선물 포장은 요금을 따로 받나요?
We charge extra for pizza toppings.	피자 토핑 추가는 요금을 따로 받아요.
They don't charge extra for the beverage.	음료는 요금을 따로 받지 않습니다.

Drill 1

학습한 내용을 응용하여 영작해보세요.

1

_____

교환이 불가합니다.   보기 not, but, exchangeable, this, sorry, is

2

_____

나는 책 몇 권을 가지고 왔어요.   보기 books, I, few, brought, a

3

_____

이것을 교환하고 싶습니다.   보기 to, please, I'd, exchange, like, this

4

_____

미안한지만 돈으로 바꿀 수 없습니다.

보기 for, is, exchangeable, money, sorry, it, but, not

5

_____

피자 토핑은 추가 요금을 받아요.   보기 pizza, we, toppings, extra, for, charge

Drill 2

영어를 가리고 한국어를 보면서 바로 말할 수 있는지 체크해보세요.

☐ 물어볼 게 있는데요.	I have a few things to ask.
☐ 교환 가능한가요?	Is it exchangeable?
☐ 선물 포장도 가능한가요?	Do you guys gift-wrap here as well?
☐ 추가 비용은 없어요.	We don't charge extra for that.
☐ 병에 쿠키가 조금 있어요.	You can find a few cookies in the jar.
☐ 저쪽의 제품들은 교환이 가능합니다.	The products in that section are exchangeable.
☐ 더 큰 사이즈로 교환을 원합니다.	I want to exchange it for a larger size.

정답 **1** Sorry but this is not exchangeable. **2** I brought a few books. **3** I'd like to exchange this, please. **4** Sorry, but it is not exchangeable for money. **5** We charge extra for pizza toppings.

한국으로 택배 보내기

한국에 택배를 보내기 위해 택배 회사에 온 리나.
오늘은 애나 선생님이 어떤 미션을 줄까요?

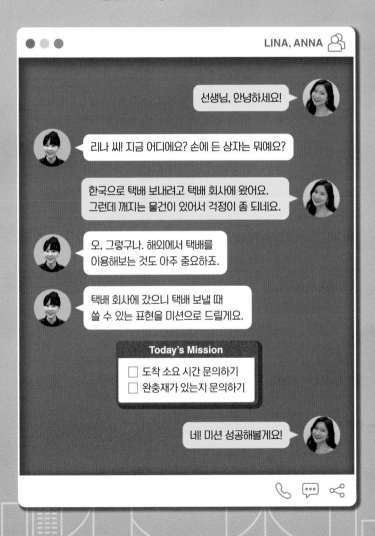

Live Talk

Lina	Hello.
Employee	Hi. How may I help you?
Lina	I'd like to send this package to Korea. How long will it take to arrive?
Employee	Well. First priority will arrive within 2 weeks but if you want to send it earlier, express mail will arrive in 3 to 4 days.
Lina	Oh, I'll go with the express mail then. Are bubble wraps available for purchase as well? I couldn't find it in the counter.
Employee	Yes, bubble wrapping is 5 dollars extra and express mail includes package tracking as well.
Lina	Great.
Employee	So your total is 85 dollars today.
Lina	Sure, here you go. Thank you.
Employee	Thank you. There you are.
Lina	Thank you.
Employee	So, here's your confirmation number and here's your tracking number. All right. Have a nice day.
Lina	Thank you, you too. Bye.
Employee	Bye.

send 보내다 **package** 소포, 택배, 꾸러미 **take** (시간이) 걸리다, 들다 **arrive** 도착하다 **priority** 우선권 **within** 이내에 **earlier** 예상보다 일찍(early의 비교급) **express** 급행의, 신속한 **express mail** 급행 우편 **bubble wrap** 완충재, 포장용 에어캡(뽁뽁이) **purchase** 구입, 구매 **counter** 카운터, 계산대, 판매대 **extra** 추가의, 추가되는 것 **include** 포함하다 **track** 추적하다 **total** 총, 합계 **confirmation** 확인, 확정

리나	안녕하세요.
직원	안녕하세요. 무엇을 도와드릴까요?
리나	이 소포를 한국으로 보내고 싶은데요. 도착하는 데 얼마나 걸릴까요?
직원	보통 특급을 이용하면 2주 안에 도착하고, 더 빨리 원하시면 빠른 우편을 이용하면 되는데 3~4일 후에 도착할 겁니다.
리나	그러면 빠른 우편으로 할게요. 완충재도 구매 가능한가요? 카운터에서 찾을 수가 없던데요.
직원	네, 완충제는 5달러 추가되고, 특급

우편 패키지에는 배송 추적 서비스도 포함되어 있습니다.

리나	좋아요.
직원	그럼 오늘 총 85달러입니다.
리나	네, 여기 있습니다. 감사합니다.
직원	감사합니다. 여기요.
리나	감사합니다.
직원	여기 확인 번호와 배송 조회 번호예요. 좋습니다. 즐거운 하루 보내세요.
리나	감사합니다. 즐거운 하루 보내세요.
직원	안녕히 가세요.

Mission Completed

리나가 어떻게 미션을 달성했는지 보세요.

☑ 도착 소요 시간 문의하기

Lina **How long will it take to arrive?**

Employee **Well. First priority will arrive within 2 weeks but if you want to send it earlier, express mail will arrive in 3 to 4 days.**

'얼마나 걸릴까'을 물을 때는 〈How long will it take~?〉라는 표현을 써요. 도착 시간을 알고 싶을 때는 뒤에 to arrive를 넣어서 말하면 돼요. 또는 '도착하다'라는 뜻의 get을 써서 How long does it take to get to Korea?(한국까지 도착하는 데 얼마나 걸리나요?)라고 해요.

☑ 완충재가 있는지 문의하기

Lina **Are bubble wraps available for purchase as well?**
I couldn't find it in the counter.

Employee **Yes, bubble wrapping is 5 dollars extra and express mail includes package tracking as well.**

흔히 '뽁뽁이'라고 하는 완충재는 bubble wraps라고 하고, 이것이 있는지를 물어보려면 Are bubble wraps available for purchase as well?이라고 합니다. 상자를 구입하고 싶을 때는 Are post boxes available for purchase?라고 합니다. '취급주의'는 handle with care라고 합니다. '포장 테이프'가 있는지도 물어볼까요? Are packing tapes available? 또는 Can I get a packing tape?

First priority **will arrive within 2 weeks.**

보통 특급 우편을 이용하면 2주 안에 도착해요.

우편 운송 서비스는 first class 1종 보통, priority 특급, express 가장 빠른, regular 일반으로 구분되는데, 여기서 first priority는 보통 특급 우편 운송 서비스로 보면 됩니다. 보통 우편으로 보낼 때는 I'd like to send it by first class mail.라고 하고, 특급으로 보낼 때는 I'd like to send it by priority mail.이라고 합니다. 직원이 소요 시간을 알려줄 때는? It'll get delivered to Korea within 5 to 6 business days. 여기서 business day는 '영업일' 이죠.

I sent you a mail by first priority.	보통 특급으로 우편을 보냈어요.
How long does first priority mail take?	보통 특급은 며칠이나 걸리나요?
What's the price of first priority mail?	보통 특급은 가격이 어떻게 되나요?

Are bubble wraps available **for purchase as well?**

완충재도 구매 가능한가요?

be available~?은 '~가 가능한가요?'라는 뜻으로, Is it available to purchase bubble wraps? 혹은 Is it possible to buy bubble wraps as well?라고도 말할 수 있습니다.

Are you available today?	너 오늘 시간 있니?
Is she available this afternoon?	그녀는 오늘 오후에 시간이 될까요?
Are packing boxes available for purchase?	택배 상자는 구매가 가능한가요?

➕ available은 '구할 수 있는'이라는 뜻으로 available facilities(이용할 수 있는 시설)과 같이 사용할 수 있습니다. 또는 '시간이 있는'이라는 뜻으로도 사용됩니다. 이 두 가지 의미로 쓰인 예를 더 살펴볼까요?

Is this dress available in a larger size?	이 원피스 더 큰 사이즈가 있나요?
Will he be available this afternoon?	그는 오늘 오후에 시간 되나요?

So your total is 85 dollars today.

그럼 오늘 총 85달러입니다.

뭔가를 사거나 지불해야 할 때 들을 수 있는 말입니다. 직원이 Your total is 85 dollars today.라고 말할 텐데요. 대화문에서는 리나가 선불로 우편료를 납부하죠. 선불로 지불하는 것을 C.I.A(cash in advance) 라고 하고, 착불로 받는 사람이 돈을 지불할 때는 C.O.D(cash on delivery)라고 합니다. 깨지기 쉬운 물건이면 It's fragile.이라고 하거나 Mark it as fragile, please.(취급 주의 표시해주세요.)라고 하면 됩니다.

Please send the packages by C.O.D.　이 우편물들을 착불로 보내주세요.
Please send it by C.I.A.　선불로 보내주세요.
It's 85 dollars in advance.　선불로 85달러 되겠습니다.

So, here's your confirmation number and here's your tracking number.

여기 확인 번호와 배송 조회 번호예요.

---

confirmation number는 우편물을 보낸 것에 대한 '예약 확인 번호'로 신용카드에선 '승인 번호'로도 사용돼요. tracking number은 '배송 조회 번호'로 발송한 물건의 배송 상황을 추적할 수 있도록 부여하는 번호입니다. Please let me know the tracking number once the shipping is begun.(배송이 시작되면 배송 조회 번호를 알려주세요.)

Here's your confirmation and tracking number.
여기 예약 확인 번호와 배송 조회 번호입니다.
You need to check your tracking number.
배송 조회 번호로 확인해보세요.
May I have your confirmation number?
예약 확인 번호 좀 주실래요?
Do you have the tracking number?
배송 조회 번호를 알고 있어요?

➕ the estimated delivery date는 '예상 배송 날짜'라는 뜻으로 The estimated delivery date was Jun 30th.처럼 말합니다.

1
_____

캐나다까지 얼마나 걸릴까요? 　　　　　　보기 get, to, will, to, Canada, take, long, it, how

2
_____

빠른 우편은 4일 안에 도착할 거예요. 　　　　보기 within, express, arrive, 4 days, will

3
_____

포장용 테이프도 구매가 가능한가요?
　　　　　　보기 for, well, is, packing, as, tape, available, purchase

4
_____

그럼 오늘 총 74달러입니다. 　　　　　　보기 total, today, so, dollars, your, 74, is

5
_____

확인 번호와 배송 조회 번호예요.
　　　　보기 number, this, tracking, the, number, and, confirmation, is

Drill 2

영어를 가리고 한국어를 보면서 바로 말할 수 있는지 체크해보세요. 20 02

☐ 도착하는 데 얼마나 걸릴까요?	How long will it take to arrive?
☐ 보통 특급을 이용하면 2주 안에 도착해요.	First priority will arrive within 2 weeks.
☐ 완충재도 구매 가능한가요?	Are bubble wraps available for purchase as well?
☐ 여기 확인 번호와 배송 조회 번호예요.	Here's your confirmation number and here's your tracking number.
☐ 보통 특급은 가격이 어떻게 되나요?	What's the price of first priority mail?
☐ 택배 상자는 구매가 가능한가요?	Are packing boxes available for purchase?
☐ 배송 조회 번호로 확인해보세요.	You need to check your tracking number.

정답 **1** How long will it take to get to Canada? **2** Express will arrive within 4 days. **3** Is packing tape available for purchase as well? **4** So your total is 74 dollars today. **5** This is the confirmation number and tracking number.

앱으로 점심 주문하기

집에서 앱으로 음식을 주문하려는 리나.
오늘은 어떤 미션에 성공할 수 있을까요?

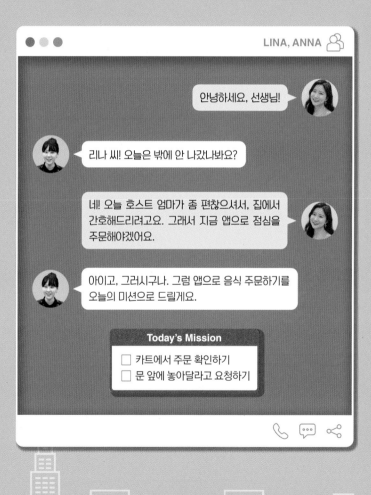

Live Talk

오늘의 대화문을 귀 기울여 들어보세요.

| Lina | Hmm… **Let's See.** |

Oh, Aunts et Uncles. Okay.

All green everything. Asparagus and Brussel sprouts. Yes, mom's **gonna like** it.

For me… Lobster roll. **Can't go wrong.**

I think that should be enough.

[View cart.]

All green everything, lobster roll. Yes.

[Go to check out.] Leave at door. Perfect.

And… 40 to 50 minutes? Hmm… Should be fine.

Okay. Next.

Tip! [You're great. 18%.] Okay.

[**Place order.**]

Brussel sprouts 방울 양배추. 미니 양배추   **gonna = going to**의 비격식   **go wrong** 잘못되다, 실패하다, 실수하다   **enough** 충분한, 필요한 만큼의   **check out** 결제하다, 계산하다   **leave** 놓다, 두다   **tip** 팁, 사례금   **place (an) order** 주문하다

리나	흠… 어디 보자.

오, 앤츠 에 엉클스. 좋아.

올 그린 에브리싱. 아스파라거스와 방울 양배추.

좋아, 엄마가 좋아하시겠다.

내 것으로는… 랍스터 롤. 맛이 없을 수가 없지.

이거면 충분한 것 같다.

[카트 보기.] 올 그린 에브리싱, 랍스터 롤. 좋아.

[결제하기.] 문 앞에 놔주세요. 완벽해.

그리고… 40분에서 50분? 흠… 괜찮을 것 같네.

좋아. 다음.

팁! [좋아요. 18퍼센트.] 됐다.

[주문하기.]

Mission Completed

리나가 어떻게 미션을 달성했는지 보세요.

☑ 카트에서 주문 확인하기

Lina **[View cart.] All green everything, lobster roll. Yes.**

배달 앱(food delivery app)에서 원하는 식당의 메뉴들을 목록에 담고 view cart를 보면 확인할 수 있습니다. 미국에선 배달 음식을 delivery food라는 명사 대신 have something delivered(음식을 배달시키다)라고 구문으로 표현합니다. 여기서 have는 '~하도록 시키다'라는 뜻으로 '우리 치킨 시켜 먹자!'는 Let's have chicken delivered!라고 해요. '오늘 밤에 한국 음식 시켜 먹을 거야.' I'll have Korean food delivered tonight.

☑ 문 앞에 놓아달라고 요청하기

Lina **[Go to check out.] Leave at door. Perfect.**

배달된 음식을 문 앞에 놓아달라고 요청하고 싶을 때는 Leave at door.를 선택하면 되죠. 요즘은 비대면 배달을 선호하는 사람이 많아서 zero contact delivery라는 말이 생겼답니다. 또한 이런 말을 할 수 있겠죠. '저 한 시간 전에 주문했는데, 아직도 못 받았어요.' I ordered an hour ago, but I still haven't got it. 또는 전화해서 이런 것도 물어볼 수 있겠죠. '제 음식 오는 중인가요?' Is my order coming? 아주 간단하죠. 마지막으로 '주문이 잘못 왔네요.'를 식당에 전화해서 말해볼까요? I got the wrong order.

Hmm… Let's See.

흠… 어디 보자.

Let's see라는 표현은 무엇을 집중할 때 '어디 한번 보자!'라고 하거나 어떤 것을 두고 보자라고 말할 때 쓰는 표현으로, 여기서 리나는 배달 앱에서 식당을 찾아보면서 혼잣말로 하는 말입니다.

Let' see what's on the news.   어떤 기사가 있는지 보자.
Let's see what happens next time.   다음 번에는 무슨 일이 생기는지 두고 보자.
Let's see who is going to come first.   누가 제일 먼저 올지 한번 보자.

➕ 비슷한 말로 Let me see.가 있습니다. '어디 보자.'라는 뜻으로 사용할 수 있고, 예를 들어 부탁을 받았을 때 Let me see if I can.(내가 할 수 있는지 확인해볼게.)처럼 말할 수도 있어요.

Yes, mom's gonna like it.

좋아, 엄마가 좋아하시겠다.

gonna like it은 going to like it(~가 그것을 좋아할 거야)이라는 말이죠. 그럼 gonna 대신에 will을 넣어도 될까요? 문법적으로는 틀리지 않지만 추측하는 표현으로는 will보다는 would(~할 것이다)를 사용하는 것이 더 자연스럽습니다. Mom will like it.보다 Mom would like it.이 더 자연스럽다는 것을 알아두세요.

I'm gonna like the menu he ordered for me.
그가 나를 위해 주문해준 메뉴는 좋을 거예요.

She's gonna like my cooking.
그녀는 내 요리를 좋아할 거예요.

They're gonna like the food.
그들은 그 음식을 좋아할 거예요.

➕ like 말고 다른 표현도 알아볼까요? I love it. I adore it. I fancy it.가 있는데 fancy는 '화려한'이라는 뜻의 형용사 말고 '좋아하다'는 의미의 동사로도 쓰입니다. 이 외에도 I'm into it.(나는 그것에 푹 빠졌어.), I'm crazy about it.(나는 완전 미쳐 있어.) 같은 표현도 있어요.

Can't go wrong.

맛이 없을 수가 없지.

〈You can't go wrong with~〉는 '잘못되는 법이 없지, 실패할 리가 없지, ~는 늘 옳아'라는 의미로 You can't go wrong with chicken.(치킨은 항상 맛있지.), You can't go wrong with coffee in the morning.(아침에 커피는 언제나 옳아.)처럼 말할 수 있습니다.

You can't go wrong with pasta.
파스타는 실패할 리가 없지.

If you just follow orders you can't go wrong.
지시만 따르면 잘못될 것이 하나도 없을 거예요.

For lunch you can't go wrong with sandwiches.
점심으로 샌드위치는 늘 옳다.

Tip! You're great. 18%.

팁! 좋아요. 18퍼센트.

미국에서는 배달원이 음식을 갖다주면 음식값 외에 팁을 꼭 줘야 합니다. 그래서 결제 전에 팁을 음식 값의 몇 퍼센트 줄지 선택할 수 있게 되어 있어요. 보통은 음식값의 10~20% 정도이며, 직접 받았을 때는 잔돈을 다 주는 경우가 많습니다.

You need to tip the waiter.	웨이터한테 팁을 줘야 해요.
I left some change as a tip.	팁으로 잔돈을 남겼어요.
Here's a tip for you.	당신을 위한 팁이에요.

Place order.

주문하기

보통 place는 명사 '장소'나 동사 '위치하다'로만 알고 있는데 '~을 주문하다'라는 뜻으로도 쓰입니다. 그래서 place an order이라고 하면 '주문을 하다'가 되고 an이 빠진 place order(주문하다) 역시 앱 사용 시 자주 보게 되는 표현입니다.

You can find "place order" at the bottom.
하단에서 '주문하기'를 찾을 수 있어요.

I'd like to place an order for 20 copies of this book.
이 책을 20권 주문하고 싶어요.

Drill 1

학습한 내용을 응용하여 영작해보세요.

1
_____

우리 치킨 시켜 먹자!　　　　　　　　**보기** chicken, let's, delivered, have

2
_____

그들은 그 음식을 좋아할 거예요.　　　　**보기** the, like, they're, food, gonna

3
_____

파스타는 실패할 리가 없지.　　　　　　**보기** with, can't, pasta, wrong, you, go

4
_____

웨이터한테 팁을 줘야 해요.　　　　　**보기** waiter, need, tip, you, the, to

5
_____

하단에서 주문하기를 찾을 수 있어요.　**보기** at, can, bottom, order, you, find, place, the

Drill 2

영어를 가리고 한국어를 보면서 바로 말할 수 있는지 체크해보세요.

☐ 맛이 없을 수가 없지.	Can't go wrong.
☐ 이거면 충분한 것 같다.	I think that should be enough.
☐ 카트 보기.	View cart.
☐ 문 앞에 놓아주세요.	Leave at door.
☐ 주문하기.	Place order.
☐ 누가 제일 먼저 올지 한번 보자.	Let's see who is going to come first.
☐ 당신을 위한 팁이에요.	Here's a tip for you.

 1 Let's have chicken delivered! **2** They're gonna like the food. **3** You can't go wrong with pasta. **4** You need to tip the waiter. **5** You can find "place order" at the bottom.

온라인으로 생필품 주문하기

집에서 컴퓨터로 온라인 쇼핑을 하려는 리나.
오늘은 어떤 미션에 성공할 수 있을까요?

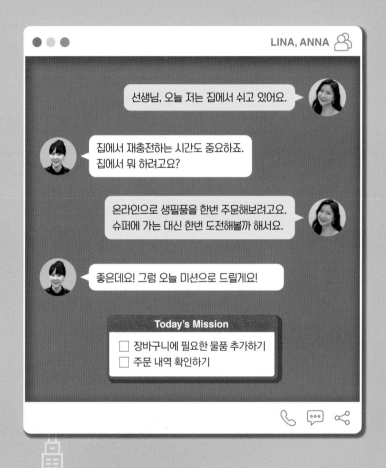

LINA, ANNA

선생님, 오늘 저는 집에서 쉬고 있어요.

집에서 재충전하는 시간도 중요하죠.
집에서 뭐 하려고요?

온라인으로 생필품을 한번 주문해보려고요.
슈퍼에 가는 대신 한번 도전해볼까 해서요.

좋은데요! 그럼 오늘 미션으로 드릴게요!

Today's Mission
☐ 장바구니에 필요한 물품 추가하기
☐ 주문 내역 확인하기

Live Talk

Lina

Onions… [Add to cart.]

Great.

Hah… [Proceed to check out.] Yes.

[Do I need anything else?] No thanks.

[Continue.] Great, continue.

Delivery to… Yes.

[Select the date.] Today~ Great. 4 to 6 p.m.

[Continue.]

[Select the payment.] Yes.

[Continue.] Let's see.

[Order summary.] Let's see… Okay.

[Estimated tax.] Great.

[Order total is 67 dollars 96 cents.] Great.

[Place your order.] Yay!

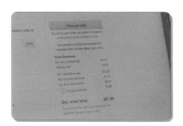

---

add to cart 장바구니에 담다[추가하다]　**proceed** 계속하다, 계속 진행하다　**continue** (쉬지 않고) 계속하다, 계속 가다　**delivery** 배달, 배송, 전달　**select** 선택하다　**payment** 지불, 결제　**order summary** 주문 내역　**estimated** 추측의, 추정되는, 견적의　**estimated tax** 예정 납세, 예상 세금

리나 　　　　양파… [장바구니에 담기.]

좋아.

[결제 계속하기.] 좋아.

[다른 게 필요하신가요?] 아니요.

[계속.] 좋아, 계속.

여기로 배달… 됐다.

[날짜를 선택하세요.] 오늘~ 됐다. 4시에서 6시 사이.

[계속.]

[결제 방법을 선택하세요.] 좋아.

[계속.] 어디 보자.

[주문 내역.] 보자…. 됐다.

[예상 세금.] 좋았어.

[총 67달러 96센트.] 좋아.

[주문하기.] 야호!

Mission Completed

리나가 어떻게 미션을 달성했는지 보세요.

☑ 장바구니에 필요한 물품 추가하기

Lina 　　**Onions… [Add to cart.]**

장바구니에 필요한 물품을 추가하는 표현으로는 Add to cart.가 있죠. 조금 더 길게 '1개의 아이템이 장바구니에 추가되었습니다.'는 어떻게 말할까요? One item has been added to your cart. 인터넷 쇼핑을 하다 보면 '추천 상품' 목록을 많이 보지 않나요? 추천 상품은 영어로 You might also like예요. 알아두면 쇼핑할 때 정말 유용하겠네요. 장바구니에 물품들을 성공적으로 담으면, '쇼핑 계속하기'라는 문구가 보이죠. 이건 영어로 Continue shopping이라고 해요.

☑ 주문 내역 확인하기

Lina 　　**[Order summary.] Let's see… Okay.**

'주문 내역'을 확인하고 싶으면? Order summary를 찾으면 되겠죠. Order summary에는 주로 item subtotal(주문한 물품 전체의 소계), delivery fee(배송비), tax(세금), tip(팁) 등의 내역이 적혀 있습니다.

Onions… Add to cart.

양파… 장바구니에 담기.

add to cart는 '장바구니에 추가하기, 장바구니에 넣기'라는 뜻입니다. 그럼 이와 관련된 표현 도 알아볼까요? 1 item has been added to your cart.(1개의 상품이 장바구니에 추가되었 습니다.), Just click this "add to cart" button.(그냥 이 '장바구니 담기' 버튼을 누르세요.), If you have decided to buy something, just click "add to cart."(어떤 물품을 구매를 결정했으면 '장바구니 넣기'를 클릭하세요.), You have added 13 items to your cart.(13 개의 상품을 장바구니에 추가했어요.)

➕ 인터넷 쇼핑 시 꼭 보게 되는 표현들도 알아볼까요? billing address(카드 정보에 등록된 주소), subscription(정기 배송), address line(세부 주소), price low to high(가격 낮은 순), price high to low(가격 높은 순), average customer review(반응 높은 순), new arrivals(신상품), frequently bought together(이 상품을 본 사람들이 함께 구매한 제품).

Proceed to check out.

결제 계속하기.

온라인 쇼핑에서 check out은 '결제'라는 의미로, view cart & check out은 '장바구니 조회 및 결제'라는 말이에요. '해외 직구'는 order items from overseas라고 해요.
문장을 만들어볼까요? I ordered a desk top from overseas.(컴퓨터를 해외 직구로 주문 했어요.), I usually buy health supplements from aboard.(대체로 나는 건강 보조제를 해외에서 구입해요.) overseas 대신에 abroad를 사용해도 됩니다. on the cheap(저렴하 게)이라는 표현을 사용해서 문장을 만들어볼까요? I bought this item on the cheap from overseas.(나는 이 물품을 해외에서 저렴하게 구입했어요.)

Where can I check out? 어디서 계산하나요?
You need to check out first. 먼저 결제를 하셔야 해요.
Could you tell me how to check out? 결제를 어떻게 하는지 알려주세요.
➕ 간혹 온라인으로 check out을 한 후에 주문을 취소하고 싶을 때가 생기죠 이럴 때는 I want to cancel the online order.(온라인 주문 건을 취소하고 싶습니다.)라고 해요. 또 주문할 물품의 수량을 변경하고 싶을 때는 I want to change the number of orders.라고 말하면 된다는 것도 알아두세요!

Order summary.

주문 내역.

order summary는 order(주문) + summary(요약)로 내가 주문한 상품에 대한 내역을 보는 '주문 내역' 부분입니다.

Please check the order summary after checking out.
결제를 한 후에 주문 내역을 확인하세요.

Did you find the item in your order summary?
당신의 주문 내역에서 그 물품을 확인했나요?

You can check from your order summary.
주문 내역에서 확인할 수 있습니다.

➕ '주문'을 뜻하는 order의 다른 표현도 알아볼까요?

Can I take your order now?　　　지금 주문하시겠어요?
The order has been shipped.　　　주문이 배송되었습니다.

Estimated tax.

예상 세금.

해외 사이트에서 직구를 하다 보면 Estimated tax to be collected.라는 항목이 있어요. 이 것은 한국의 부가세와 같은 세금으로 정식 명칭은 Sales Tax(소비세)라고 합니다. 우리나라에 서는 일부 식당 등에서 '부가세 별도'로 계산할 때 세금을 추가해서 부가하는 경우를 제외하면 상품 가격에 세금이 포함되어 있죠. 미국은 이를 따로 책정해서 배송을 어느 주로 보내냐에 따라 해당 주의 세율로 세금을 부가해요. 주마다 세율이 다르기 때문에 세금을 미리 포함시킬 수 없는 거죠.

Does the price include tax?
이 가격에 세금이 포함된 건가요?

Can I get the tax back?
세금을 돌려받을 수 있을까요?

You have to pay 9% tax on this product.
이 물건 가격에서 9퍼센트의 세금을 내야 해요.

Drill 1

학습한 내용을 응용하여 영작해보세요.

1

1개의 상품이 장바구니에 담겼어요.　　　　**보기** added, item, cart, one, been, your, has, to

2

먼저 결제를 하셔야 해요.　　　　　　　　**보기** first, to, you, out, need, check

3

당신의 주문 내역에서 그 물품을 확인했나요?

보기 your, did, summary, find, in, order, the, you, item

4

이 가격에 세금이 포함된 건가요?　　　　　**보기** include, does, tax, price, the

5

그냥 이 '장바구니 담기' 버튼을 누르세요.　　　**보기** add, just, to, click, cart, this, button

Drill 2

영어를 가리고 한국어를 보면서 바로 말할 수 있는지 체크해보세요.

☐ 장바구니에 담기.	Add to cart.
☐ 결제 계속하기.	Proceed to check out.
☐ 다른 게 필요하신가요?	Do I need anything else?
☐ 주문 내역.	Order summary.
☐ 예상 세금.	Estimated tax.
☐ 총 67달러 96센트.	Order total is 67 dollars 96 cents.
☐ 어디서 계산하나요?	Where can I check out?

 1 One item has been added to your cart. **2** You need to check out first. **3** Did you find the item in your order summary? **4** Does the price include tax? **5** Just click this "add to cart" button.

약 심부름하기

상비약을 사러 약국에 간 리나.
오늘은 애나 선생님에게서 어떤 미션을 받을까요?

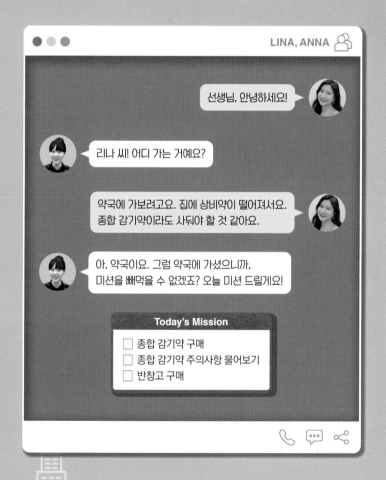

LINA, ANNA

선생님, 안녕하세요!

리나 씨! 어디 가는 거예요?

약국에 가보려고요. 집에 상비약이 떨어져서요.
종합 감기약이라도 사둬야 할 것 같아요.

아, 약국이요. 그럼 약국에 가셨으니까,
미션을 빼먹을 수 없겠죠? 오늘 미션 드릴게요!

Today's Mission

☐ 종합 감기약 구매
☐ 종합 감기약 주의사항 물어보기
☐ 반창고 구매

Live Talk

Lina	Hello~ Do you have multi-symptom cold remedies here?
Pharmacist	We do. Would you prefer capsules or syrup based medicines?
Lisa	I'll go with capsules.
Pharmacist	Here you go.
Lina	Thank you.
	How many times do I have to take this per day?
Pharmacist	Once in the morning and one at night. You may be drowsy after taking this medicine. Be aware of that.
Lina	I see… Um… I also need a Band-Aid.
Pharmacist	Okay. Here. This should work.
Lina	Thank you.

multi-symptom cold remedy 종합 감기약 **prefer** 선호하다, ~을 좋아하다 **capsule** (약품) 캡슐, 작은 플라스틱 용기 **based** ~로 된, (~에) 기반한 **medicine** 약, 약물 **per** ~마다, ~당 **drowsy** 졸리는, 나른하게 만드는 **be aware of** ~을 알아차리다[알다, 유의하다] **Band-Aid** 밴드, 반창고

리나	안녕하세요~ 종합 감기약 있나요?	약사	아침에 한 번, 저녁에 한 번 드시면 돼
약사	있어요. 캡슐로 드릴까요, 아니면 시럽으로 드릴까요?		요. 약을 먹으면 졸릴 수 있어요. 유의 하세요.
리나	캡슐로 주세요.	리나	그렇군요…. 음… 반창고도 찾고 있
약사	여기 있습니다.		는데요.
리나	감사합니다. 하루에 몇 번 먹어야 하나요?	약사	네. 여기 있습니다. 이거 괜찮을 거예요.
		리나	감사합니다.

Mission Completed

리나가 어떻게 미션을 달성했는지 보세요.

☑ 종합 감기약 구매

Lina **Hello~ Do you have multi-symptom cold remedies here?**

Pharmacist **We do. Would you prefer capsules or syrup based medicines?**

'감기약'은 cold medicine, cold remedy, '종합 감기약'은 multi-symptom cold remedy라고 해요. Do you have multi-symptom cold remedies here? 또는 Do you have some medicine for a cold? 진통제가 필요할 수도 있죠. Do you have some painkillers? 몸이 너무 아프면 it's killing me라는 표현을 쓸 수 있어요. It's killing me, I'd like some painkillers, please.

☑ 종합 감기약 주의사항 물어보기

Lina **How many times do I have to take this per day?**

Pharmacist **Once in the morning and one at night. You may be drowsy after taking this medicine. Be aware of that.**

약을 얼마나 언제 어떻게 먹어야 하는지 물어봅시다. How many times do I have to take this per day? 또는 how many를 써서 이렇게 물어볼 수도 있어요. How many pills should I have to take a day? '제가 주의해야 할 사항이 있나요?'라고 물어볼 수도 있겠죠. Is there anything I should be aware of?

☑ 반창고 구매

Lina **I see... Um... I also need a Band-Aid.**

Pharmacist **Okay. Here. This should work.**

밴드를 구입할 때는 I need a Band-Aid.라고 말해요. 영어로 '파스'는 pain relief patch라고 해요. '인공 눈물'은 artificial tear가 아닌 eye drops입니다.

Do you have multi-symptom cold remedies here?

종합 감기약 있나요?

여기서 remedy는 '치료' 혹은 '약'을 이야기해요. 그리고 만약 감기나 두통처럼 명확한 증상에 대한 약이 필요하다면 〈Do you have some medicine for + 증상?〉으로 말하면 됩니다. '감기약 있나요?'는 Do you have some medicine for a cold?라고 하고, '두통약 있나요?'는 Do you have any medicine for a headache?라고 해요.

Is there any good remedy for this disease?
이 병의 좋은 치료법이 있을까요?

This medicine is a good remedy for a cold.
이 약은 감기에 좋은 약이야.

Do you know a good remedy for a headache?
두통에 좋은 약을 알고 있나요?

How many times do I have to take this per day?

하루에 몇 번 먹어야 하나요?

리나처럼 how many times를 이용해서 약을 복용하는 횟수가 어떻게 되는지 물어볼 수 있어요. 비슷한 표현으로는 How many pills do I have to take a day?가 있습니다. '한 번에 몇 알을 먹어야 하죠?' How many pills do I take at a time?

How many times did you take those pills?
그 알약을 몇 번이나 복용했나요?

How many times a day should I take this?
하루에 이것을 몇 번 복용해야 하나요?

How many times a day do I need to change the dressing?
하루에 몇 번 드레싱을 교체해야 하나요?

Once **in the morning and** one **at night.**

아침에 한 번, 저녁에 한 번 드시면 돼요.

once in the morning은 '아침에 한 번', one at night은 '저녁에 한 번'이라는 의미로 약을 아침, 저녁으로 1번씩 먹으라는 말입니다. You should take 3 times a day after meals. (식후 하루 세 번 복용하셔야 합니다.) Take one three times a day.(하루에 세 번 한 알씩 드세요.) Take one every 4 hours. (네 시간마다 한 알씩 드세요.)

Take one **after each meal.**	식후에 한 번 복용하세요.
Put it in your eye once **before you go to bed.**	잠자기 전에 한 번 눈에 넣으세요.
Put a hot pack on it once **a week.**	일주일에 한 번 핫팩을 대세요.

You may be drowsy **after taking this medicine.**

약을 먹으면 졸릴 수 있어요.

drowsy는 '졸리는, 나른하게 만드는'이라는 뜻으로, 감기약을 먹고 난 후에 느끼는 부작용을 말할 때 쓰는 표현이죠. 간단하게는 You might feel sleepy.라고 말할 수도 있습니다. '부작용이 있나요?'라고 물어볼 때는 Are there any side effects?라고 물으면 됩니다.

If you take this medicine, you can feel drowsy.
이 약을 복용하면 몸이 나른해질 수 있어요.

Drink lots of water when you feel drowsy.
졸리면 물을 많이 마시세요.

Be aware of that.

유의하세요.

be aware of는 우려, 경고의 느낌으로 '~를 알아차리다, ~을 알다'라는 뜻의 구문이에요. 또 be aware of danger는 '위험을 의식하다'라는 표현으로, We should be aware of danger.라고 하면 '우리는 위험을 알아야 한다.'라는 말이 됩니다.

You must be aware of this.	이 부분을 꼭 알고 있어야 해요.
Be aware of your actions.	여러분의 행동에 대해 알고 있으세요.

Drill 1

학습한 내용을 응용하여 영작해보세요.

1

_____

진통제가 있요?   보기 some, do, painkillers, have, you

2

_____

하루에 몇 알을 복용해야 되나요?   보기 have, day, how, should, to, many, take, pills, I, a

3

_____

안약도 필요해요.   보기 some, I, drops, also, eye, need

4

_____

이 약은 감기에 좋은 약이야.   보기 for, medicine, cold, this, a, remedy, is, good, a

5

_____

이 약을 복용하면 몸이 나른해질 수 있어요.

보기 can, drowsy, if, medicine, you, feel, take, you, this

Drill 2

영어를 가리고 한국어를 보면서 바로 말할 수 있는지 체크해보세요.

☐ 종합 감기약 있나요?	Do you have multi-symptom cold remedies here?
☐ 캡슐로 주세요.	I'll go with capsules.
☐ 하루에 몇 번 먹어야 하나요?	How many times do I have to take this per day?
☐ 약을 먹으면 졸릴 수 있어요.	You may be drowsy after taking this medicine.
☐ 유의하세요.	Be aware of that.
☐ 반창고도 찾고 있는데요.	I also need a Band-Aid.
☐ 이 병의 좋은 치료법이 있을까요?	Is there any good remedy for this disease?

 1 Do you have some painkillers? **2** How many pills should I have to take a day? **3** I also need some eye drops. **4** This medicine is a good remedy for a cold. **5** If you take this medicine, you can feel drowsy.

온라인으로 쿠킹 클래스 신청하기

온라인으로 요리 수업을 신청하려고 하는 리나. 오늘은 어떤 미션을 받을까요?

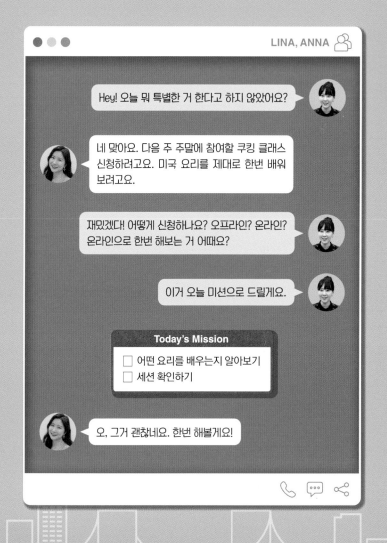

Lina   Let's see.

Oooh, the American steak house cooking class!

[Indulge yourself with the meal worth breaking that diet!] Yes!

[About this event. You'll learn how to make Truffled soft polenta with wild mushroom ragout.]

Oooh~ [Coffee rubbed steak with cabernet reduction. Duchess Potato. Creamy Parmesan spinach. Dark chocolate mousses with raspberry coulis.]

Oooh~ [2 hours of preparation and cooking followed by 1 hour sit-down lunch or dinner. Wine is on the house!] Boom! I'm taking this.

Tickets! [General admission is 125 dollars.] Hmm... I think it is worth it.

[Check out!] Okay.

[Contact info. First name, Lina. Last name, Lee. Email address.]

Yes... [Confirm.] Great.

[Place order!] Boom! Yay!

---

indulge 마음껏 하다[누리다], 채우다, 충족시키다   **worth** ~할 가치가 있는   **truffled** 송로가 든, 송로로 맛들인   **polenta** 폴렌타(옥수수 가루 등 곡물가루를 물에 끓여 만드는 이탈리아의 죽)   **wild** 자연 그대로의, 야생의   **ragout** 라구(고기와 채소를 넣어 끓인 스튜)   **rub** 문지르다, 바르다   **reduction** 리덕션(액체를 졸여 만드는 소스, 육수 등)   **Duchess Potato** 더치스 포테이토(삶은 감자를 주재료로 한 오븐 요리)   **coulis** 쿨리(농도가 진한 퓌레나 소스)   **preparation** 준비   **followed by** 그다음에, 뒤이어 잇달아   **on the house** 무료로, 서비스로 제공되는   **take** (수업을) 수강하다, 받다   **admission** 가입, 신청, 입장   **contact info** 연락처   **confirm** (내용이 맞는지 사실인지) 확정하다

리나   보자.

오오, 아메리칸 스테이크 하우스 쿠킹 클래스!

[다이어트를 그만둘 가치가 있는 음식에 빠져라!] 좋아!

[이벤트에 관해서. 야생버섯 라구로 트러플 폴렌타 만드는 법을 배울 것이다.]

오~ [커피를 바른 스테이크와 카버네이 리덕션 소스. 포테이토 뒤체스.

크리미 파마산 시금치. 다크 초콜릿 무스와 라즈베리 쿨리스.]

우~ [두 시간 동안 준비와 요리를 하고 한 시간은 앉아서 점심이나

저녁을 먹는다. 와인은 공짜로 제공된다!] 붐! 신청해야겠어.

티켓! [일반 신청은 125달러.] 흠… 그만 한 가치가 있을 거야.

[결제!] 좋아.

[연락처 정보. 이름: 리나. 성: 이. 이메일 주소.]

됐다… [확인.] 좋았어.

[주문하기!] 붐! 야호!

Mission Completed

리나가 어떻게 미션을 달성했는지 보세요.

☑ 어떤 요리를 배우는지 알아보기

Lina   **You'll learn how to make Truffled soft polenta with wild mushroom ragout.**

어떤 요리를 배우는지는 〈You'll learn~〉(~을 배울 것이다)이나 〈how to~〉(~하는 방법)를 써서 You'll learn how to make Truffled soft polenta with wild mushroom ragout.라고 해요. 디저트를 만드는 클래스라면 이런 문구가 적혀 있을 수도 있겠죠. You'll learn how to make raspberry cake.(라스베리 케이크 만드는 법을 배울 것입니다.)

☑ 세션 확인하기

Lina   **2 hours of preparation and cooking followed by 1 hour sit-down lunch or dinner.**

요리 교실의 세션은 2 hours of preparation and cooking(두 시간 동안의 준비와 요리하기)와 followed by 1 hour sit-down lunch or dinner(그런 후 한 시간 동안은 앉아서 점심이나 저녁 먹기)네요. 이렇게 클래스의 세션을 설명할 수 있어요. 디저트를 만드는 클래스라면 An hour of preparation and cooking followed by an hour of enjoying your dessert.(한 시간 동안 준비와 요리를 한 다음 한 시간은 만든 디저트를 먹는다.)라고 표현할 수 있겠네요.

Indulge yourself with the meal worth breaking that diet!

다이어트를 그만둘 가치가 있는 음식에 빠져라!

Indulge는 '마음껏 하다'라는 뜻으로 indulge yourself with라고 하면 '~을 마음껏 즐기다'라는 의미입니다. 다른 표현으로는 Anna indulged herself with an expensive trip.(애나는 고가의 여행을 마음껏 즐겼다.)이라고 말할 수 있습니다.

Indulge yourself if you want.
원하신다면 마음껏 즐기세요.

I want to escape from work and indulge in a holiday.
일에서 벗어나 휴가를 즐기고 싶어요.

Will you indulge?
한번 실컷 마셔보시겠어요?

2 hours of preparation and cooking followed by 1 hour sit-down lunch or dinner.

두 시간 동안 준비와 요리를 하고 한 시간은 앉아서 점심이나 저녁을 먹는다.

---

followed by는 '뒤이어, 잇달아'라는 뜻으로 'A followed by B'는 A가 먼저 발생한 후에 B가 따르는 순서예요. 그래서 'A 다음에 B가 오다' 또는 'A 다음에 B가 있다'라고 말할 수 있습니다.

The greeting was followed by a speech.
인사말이 끝난 다음에 연설이 이어졌다.

The appetizer was followed by a main dish.
에피타이저 뒤에 주 요리가 나왔어요.

Spaghetti was followed by steak.
스파게티 뒤에 스테이크가 나왔다.

Wine is on the house!

와인은 공짜로 제공된다!

on the house는 '무료로 제공되는, 서비스로 제공되는'이라는 의미로 All drinks are on the house tonight.이라고 하면 '오늘 밤 모든 술은 공짜예요.'라는 뜻이에요.

Don't worry about the bill. It's on the house.
계산은 걱정 안 하셔도 돼요. 이건 무료로 제공돼요.

Here are some French fries on the house.
감자튀김은 무료로 드리는 거예요.

I'm taking this.

신청해야겠어.

'수업을 듣다'라는 표현은 동사 take를 써서 말할 수 있어요. I take yoga classes every month.(나는 매월 요가 수업을 들어요.), I take an English class every Monday.(나는 월요일마다 영어 수업을 들어요.)

Are you taking baking classes next month?
다음 달에 베이킹 수업을 들을 건가요?

I'm going to take Professor Howard's class this semester.
이번 학기에 하워드 교수님의 수업을 들을 예정이에요.

Yes... Confirm.

됐다… 확인.

confirm은 '확인하다, 확정하다'라는 뜻이에요. 유의어인 check와는 어떤 차이점이 있을까요? check는 confirm보다는 좀더 가벼운 무엇인가를 확인하거나 점검할 때 가장 일반적으로 사용합니다. I checked my class time.과 같이 꼼꼼하게 확인하는 것보다는 '살피다'라는 의미에 가까워요. confirm은 내용이 맞는지를 '확인[확정]하다'로 좀 더 공식적이고 무거운 의미를 가지고 있어요.

Please confirm your full name.	성명을 확인하세요.
I confirmed the dates.	나는 날짜를 확인했어요.
I'd like to confirm the reservation date.	예약일을 확인하고 싶어요.

Drill 1

학습한 내용을 응용하여 영작해보세요.

1

라스베리 케이크 만드는 법을 배울 거예요. **보기** to, raspberry cake, you'll, how, make, learn

2

원한다면 마음껏 즐기세요. **보기** you, yourself, want, indulge, if

3

에피타이저 뒤에 주 요리가 나왔어요.

보기 the, by, main, appetizer, was, followed, dish, a

4

감자튀김은 무료로 드리는 거예요. **보기** some, on, here, house, are, fries, the, French

5

나는 날짜를 확인했어요. **보기** dates, I, the, confirmed

Drill 2

영어를 가리고 한국어를 보면서 바로 말할 수 있는지 체크해보세요.

☐	야생버섯 라구로 트러플 폴렌타 만드는 법을 배울 것이다.	You'll learn how to make Truffled soft polenta with wild mushroom ragout.
☐	다이어트를 그만둘 가치가 있는 음식에 빠져라!	Indulge yourself with the meal worth breaking that diet!
☐	두 시간 동안 준비와 요리를 하고 한 시간은 앉아서 점심이나 저녁을 먹는다.	2 hours of preparation and cooking followed by 1 hour sit-down lunch or dinner.
☐	와인은 공짜로 제공된다!	Wine is on the house!
☐	신청해야겠어.	I'm taking this.
☐	가치가 있을 거야.	I think it is worth it.
☐	한번 실컷 마셔보시겠어요?	Will you indulge?

 1 You'll learn how to make raspberry cake. **2** Indulge yourself if you want. **3** The appetizer was followed by a main dish. **4** Here are some French fries on the house. **5** I confirmed the dates.

메뉴 추천받기

분위기 좋은 레스토랑에 온 리나. 오늘은 어떤 미션을 받게 될까요?

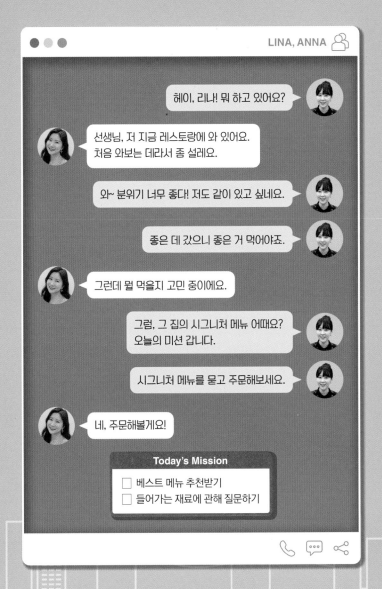

LINA, ANNA

헤이, 리나! 뭐 하고 있어요?

선생님, 저 지금 레스토랑에 와 있어요.
처음 와보는 데라서 좀 설레요.

와~ 분위기 너무 좋다! 저도 같이 있고 싶네요.

좋은 데 갔으니 좋은 거 먹어야죠.

그런데 뭘 먹을지 고민 중이에요.

그럼, 그 집의 시그니처 메뉴 어때요?
오늘의 미션 갑니다.

시그니처 메뉴를 묻고 주문해보세요.

네, 주문해볼게요!

Today's Mission

☐ 베스트 메뉴 추천받기
☐ 들어가는 재료에 관해 질문하기

Live Talk

Waiter	Hi, how are you? Are you ready to order?
Lina	Hello, what's the most popular dish? Do you have any recommendations?
Waiter	Our specialty dishes are black ravioli and chicken parmesan.
Lina	Is there any seafood in it? I'm allergic to seafood.
Waiter	There's no seafood in our specialty dishes.
Lina	Then, I will go with chicken parmesan.
Waiter	Great!
Lina	Thank you.
Waiter	How's everything?
Lina	Delicious, I loved it. Thank you for the recommendation.
Waiter	Sure.

the most popular 가장 인기 있는 **dish** 메뉴, (한 그릇의) 요리 **recommendation** 추천, 조언
specialty dish 특별 메뉴 **ravioli** 라비올리(고기, 치즈 등으로 속을 채운 사각형의 파스타) **parmesan**
파마산치즈 **seafood** 해산물 **allergic** 알레르기가 있는 **delicious** 아주 맛있는

웨이터	안녕하세요. 주문하시겠어요?
리나	안녕하세요, 가장 인기 있는 메뉴가 뭔가요? 추천해주실 수 있나요?
웨이터	저희 특별 메뉴는 블랙 라비올리와 치킨 파마산입니다.
리나	해산물이 들어가 있나요? 해산물 알레르기가 있어요.
웨이터	저희 특별 메뉴에는 해산물이 들어 있지 않아요.
리나	그럼 치킨 파마산으로 할게요.
웨이터	좋아요!
리나	감사합니다.
웨이터	음식은 어떠세요?
리나	맛있어요, 정말 좋아요. 추천해주셔서 감사합니다.
웨이터	천만에요.

Mission Completed

리나가 어떻게 미션을 달성했는지 보세요.

☑ 베스트 메뉴 추천받기

Lina **Hello, what's the most popular dish?**

Do you have any recommendations?

Waiter **Our specialty dishes are black ravioli and chicken parmesan.**

What's the most popular dish?는 제일 인기 있는 메뉴, 베스트 메뉴를 물을 때 쓰는 표현이에요. Popular는 '인기 있는'이라는 뜻으로 많은 사람들에게 사랑받고 있다는 의미가 있어요. 비슷한 의미의 단어인 famous는 '유명한'이라는 뜻으로 많은 사람에게 알려져 있다는 의미가 있답니다. 그래서 This is our most popular design.(많은 사람이 좋아하는 디자인이다.)라고 하거나 This restaurant is famous for its giant pizza.(이 식당은 이 거대한 피자로 유명하다.)로 구분해서 사용할 수 있어요. 또한 dish는 '접시'라는 뜻보다는 '한 그릇의 요리'를 뜻해요. 그래서 메뉴판에 5개의 음식이 있다면 5 dishes라고 말해요.

☑ 들어가는 재료에 관해 질문하기

Lina **Is there any seafood in it? I'm allergic to seafood.**

Waiter **There's no seafood in our specialty dishes.**

요리에 들어가는 식재료에 관해 질문할 때는 Is there any seafood in it?처럼 말해요. '이 요리 안에 해산물이 들어가나요?'라는 뜻이죠. 이 문장의 seafood를 다른 명사로 바꿔서 음식에 들어가는 재료에 관해 질문하면 됩니다.

Our specialty dishes are black ravioli and chicken parmesan.

저희 특별 메뉴는 블랙 라비올리와 치킨 파마산입니다.

파마산은 아주 단단한 이탈리아의 치즈로 갈아서 음식 위에 얹어 먹죠. 미국에서 '파마산'이라고 말하면 알아들을까요? 아마 힘들 거예요. Parmesan의 원어민 발음을 들어보면 '파알메자안'이라고 발음되고 강세는 1음절인 '파알'에 있어요. 마지막 음절인 -san 발음은 '산'이 아닌 '자안'으로 부드럽게 발음한다는 거 잊지 마세요.

I'd like to have some parmesan.
파마산 좀 주세요.

Did you put parmesan in it?
여기에 파마산을 넣었나요?

Please sprinkle some parmesan cheese on it.
파마산 치즈를 뿌려주세요.

I'm allergic to seafood.

해산물 알레르기가 있어요.

식당에 가면 종업원이 음식 알레르기가 있는지 묻곤 하지요. 이때는 〈I'm allergic to + 명사(음식명)〉의 패턴을 사용해서 '(음식명)에 알레르기가 있어요.'라고 말하면 됩니다.

I'm allergic to pollen.　　　　나는 꽃가루 알레르기가 있어요.
I'm allergic to nuts.　　　　　나는 견과류 알레르기가 있어요.
She's allergic to kiwis.　　　　그녀는 키위 알레르기가 있어요.

There's no seafood in our specialty dishes.

저희 특별 메뉴에는 해산물이 들어 있지 않아요.

〈There is + 명사〉는 '~이 있다'의 뜻으로 주로 사람이나 사물의 개수를 말할 때 쓰여요. 그리고 '~이 없다'는 〈There's no + 명사〉패턴을 써서 '(명사)가 없다'고 말할 수 있습니다. 아주 흔히 사용하는 표현이에요.

There's no **book.**	책이 없어요.
There's no **place to live.**	살 곳이 없어요.
There is no **food to eat.**	먹을 것이 없어요.

➕ There is 뒤에 여러 개의 사물이 나열되면 보통 복수 명사라고 생각하고 무조건 There are의 패턴으로 말하죠. 하지만 그렇지 않습니다. There is 바로 다음에 부정관사 a, 즉 단수 명사가 오면 무조건 There is를 사용합니다. 예를 들어, 다음 두 문장을 비교해 보세요.

There is a pencil and three books on the desk. (O)
There are a pencil and three books on the desk. (X)

Thank you for the recommendation.

추천해주셔서 감사합니다.

---

recommendation은 '추천' 또는 '조언'이라는 뜻이며, 추천해줘서 감사하다는 뜻으로 Thank you for the recommendation.이라고 합니다. '~를 추천해주시겠어요?'라고 물어볼 때는 본 대화에서도 나오듯이 Do you have any recommendations?라고 묻습니다. 좀 더 구체적으로 콕! 집어서 상대방에게 무언가를 추천받고 싶을 때는 Do you have any recommendations for the wine?과 같이 물으면 됩니다.

Do you have any recommendations on where to go?
어디 갈지 추천할 만한 데가 있나요?

We want to hear any recommendations you may have.
어떤 조언이건 우린 듣고 싶어요.

Here are my recommendations!
이게 나의 조언들이에요!

Drill 1

학습한 내용을 응용하여 영작해보세요.

1
_____

가장 인기 있는 메뉴가 뭔가요?　　　　보기 most, menu, the, item, what's, popular, on, the

2
_____

저희 특별 메뉴는 치킨윙과 소고기 파마산입니다.

보기 chicken wings, our, and, dishes, beef parmesan, specialty, are

3
_____

돼지고기가 들어가 있나요?　　　　　　　보기 it, pork, there, any, in, is

4
_____

견과류 알레르기가 있어서요.　　　　　　보기 allergic, nuts, to, I'm

5
_____

저희 특별 메뉴에는 키위가 들어가 있지 않아요.

보기 no, our, there's, kiwis, dishes, specialty, in

Drill 2

영어를 가리고 한국어를 보면서 바로 말할 수 있는지 체크해보세요. 25 02

☐ 주문하시겠어요?	Are you ready to order?
☐ 가장 인기 있는 메뉴가 뭔가요?	What's the most popular dish?
☐ 추천해주실 수 있나요?	Do you have any recommendations?
☐ 저희 특별 메뉴는 라비올리와 치킨 파마산입니다.	Our specialty dishes are ravioli and chicken parmesan.
☐ 해산물이 들어 있나요?	Is there any seafood in it?
☐ 해산물 알레르기가 있어서요.	I'm allergic to seafood.
☐ 저희 특별 메뉴에는 해산물이 들어가 있지 않아요.	There's no seafood in our specialty dishes.

정답 **1** What's the most popular item on the menu? **2** Our specialty dishes are chicken wings and beef parmesan. **3** Is there any pork in it? **4** I'm allergic to nuts. **5** There's no kiwis in our specialty dishes.

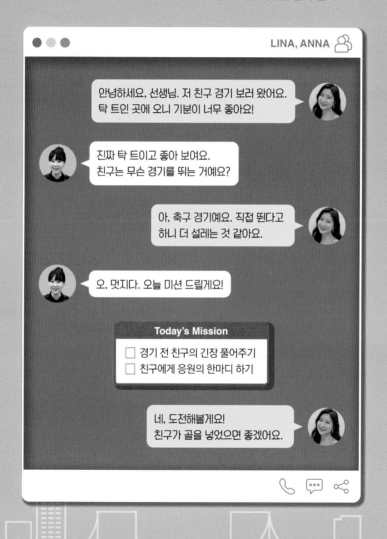

친구 경기 응원하기

친구의 경기를 보러 축구장에 온 리나. 오늘은 어떤 미션을 받게 될까요?

LINA, ANNA

안녕하세요, 선생님. 저 친구 경기 보러 왔어요.
탁 트인 곳에 오니 기분이 너무 좋아요!

진짜 탁 트이고 좋아 보여요.
친구는 무슨 경기를 뛰는 거예요?

아, 축구 경기예요. 직접 뛴다고
하니 더 설레는 것 같아요.

오, 멋지다. 오늘 미션 드릴게요!

Today's Mission
- ☐ 경기 전 친구의 긴장 풀어주기
- ☐ 친구에게 응원의 한마디 하기

네, 도전해볼게요!
친구가 골을 넣었으면 좋겠어요.

Lina	Hey, Brad!
Friend	Hey, Lina.
Lina	Show them what you got!
Friend	Oh my goodness. I'm so nervous. You have no idea.
Lina	You are? You got this. Just go for it. Okay?
Friend	All right. It's game time.
Lina	It is! Go Brad, go!

show 보여주다 **goodness** 와, 어머나, 맙소사, 선량함 **nervous** 떨리는, 초조한, 신경의 **idea** 발상, 생각, 아이디어 **go for it** 힘내, 할 수 있어, 한번 해봐

리나	브래드!
친구	안녕, 리나.
리나	본때를 보여줘!
친구	세상에. 나 너무 떨려. 상상도 안 될 정도로.
리나	너 떨고 있다고? 할 수 있어. 파이팅 해. 알겠지?
친구	좋아. 이제 시작이다.
리나	바로 그거야! 브래드 파이팅!

Mission Completed

리나가 어떻게 미션을 달성했는지 보세요.

☑ 경기 전 친구의 긴장 풀어주기

Lina **Hey, Brad!**
Friend **Hey, Lina.**
Lina **Show them what you got!**

'본때를 보여줘!'라는 표현을 말하기 위해 show라는 동사를 써서 '네가 어떤 사람인지 한번 보여줘.'와 같은 표현을 말할 수 있습니다. 이외에도 다양한 표현으로 친구를 응원해볼까요? kick one's ass라는 표현도 있는데, kick(차다)과 one's ass(한 사람의 엉덩이)를 결합한 것으로 '혼을 내주다, 본때를 보여주다'라는 표현이에요. one's 부분에는 소유격을 넣어주면 되겠죠? Let's kick his ass. 또 하나는 〈teach + 명사 a lesson〉로 '~에게 한 수 가르쳐줘라'라는 말이고 Teach him a lesson.과 같이 말합니다.

☑ 친구에게 응원의 한마디 하기

Lina **You are? You got this. Just go for it. Okay?**
Friend **All right. It's game time.**
Lina **It is! Go Brad, go!**

Go for it!은 '넌 할 수 있어!'라는 의미로, 가장 흔한 응원의 한마디예요. 앞에 just를 붙여서 '그냥 해봐! 밀어붙여!' 등의 좀 더 강한 의미로도 사용할 수도 있어요. Hey guys, just go for it! 과 같이 말이죠. 또 다른 좋은 표현으로는 It's now or never.이 있습니다. '지금 당장! 지금 해야 해!'라는 뜻이죠. You never know until you try it!은 '겁먹지 말고 시도해봐!'라는 뜻이에요. 우리도 응원할 때 '가자!'라는 표현을 쓰잖아요. Go Brad, go!는 '브래드, 가자!'라는 뉘앙스로 사용할 수 있습니다.

Hey, Lina.

안녕, 리나!

본문에서 말하는 Hey, Lina.는 리나를 부르는 '리나!'보다는 '안녕! 어쩐 일이야?'의 의미가 더 강해요. 미국 사람들이 흔히 쓰는 인사말 What's up?과 같은 뜻으로, '와쌉'처럼 발음하는데 간혹 Sup?이나 Whazz up?으로도 들리니 알아두세요.

What's up?	어쩐 일이야?
How're you doing?	잘 지냈어?
What's new?	요즘 어때?

Oh my goodness!

세상에.

대화 중에 '세상에, 오, 이런, 맙소사, 어머나' 등의 감탄사를 말하는 경우는 뭔가 예상하지 못한 놀라운 일이 일어났을 때죠. 영어로는 Oh, my goodness!나 Oh, my god!을 사용하는데요. 이 둘의 차이는 무엇일까요? Oh, my god!은 하나님을 말하는 걸로 종교적인 색채가 강하기 때문에 친한 친구 사이가 아닌 경우에는 사용하는 것을 권하지 않으니 Oh, my goodness!를 쓰는 것을 추천드립니다.

Oh, my gosh!	세상에!
Oh, dear!	이것 참!
Oh, my god!	어머나, 세상에!
Oh, my!	오, 이런!

➕ goodness는 '선량함' 혹은 '이로운 부분'이라는 뜻을 가지고 있습니다.

He believes in the goodness of human nature.
그는 인간 본성의 선량함을 믿는다.

Don't cook vegetables for too long, they'll lose all their goodness.
채소를 너무 오래 익히지 마세요. 그 속의 영양분이 다 빠집니다.

I'm so nervous. You have no idea.

나 너무 떨려. 상상도 안 될 정도로.

I'm so nervous.

대부분 긴장될 때 자동으로 튀어나오는 표현은 I'm nervous.입니다. 비슷한 의미를 가진 다양한 표현이 있는데요. My heart skips a beat.이라고 하면 '심장이 두근두근해.'라는 의미입니다. I am jumpy.라고 하면 '조마조마해.'라는 뜻인데, 여기서 jumpy는 '조마조마한'이라는 의미예요. I'm feeling butterflies in my stomach.라는 표현도 있는데, 표현이 너무 귀엽지 않나요? '나비들이 속에 날아다니는 것 같아.'라고 긴장을 표현하는 말이죠. 이 외에도 My heart is racing.은 심장이 레이싱을 하는 것처럼 너무나 빠르게 쿵쾅거린다는 뜻이에요.

Don't be nervous.	긴장하지 말아요.
The dog was nervous of cars.	그 개는 자동차를 무서워했다.
I was really nervous before the interview.	나는 인터뷰 전에 너무 떨렸다

You have no idea.

You have no idea.는 '넌 정말 모를 거야.', '넌 상상도 못할 거야.'라는 의미로 쓰이는 표현이에요. 또한 '정말 모르겠다'라는 뜻으로 I have no idea.(=I don't know.) 혹은 I have no clue.라고도 할 수 있습니다.

> ➕ Dunno는 I don't know.를 젊은 층이 줄여 쓰는 말로 '난 몰라, 모르겠어.'라는 표현으로 사용돼요. 같은 의미의 표현으로는 Who knows?(누가 알겠어?) How should I know?(내가 어떻게 알겠어?)가 있어요. 이렇게 여러 표현을 사용해보면 좀 더 나의 회화 실력이 좋아 보인다는 사실!

You are? You got this.

너 떨고 있다고? 할 수 있어.

의문문은 Are you? 아닌가요? 전 그렇게 배웠는데! 네, 문법적으로는 당연히 Are you?라고 하는 게 맞지만 구어체에선 평서문으로 쓰고 끝을 올려 읽으면 의문문이 된다는 사실! 그래서 끝을 올려 읽는 것이 굉장히 중요하답니다 You like coffee? 이렇게 평서문을 올려 읽으면 의문문이 된답니다.

You have a pet?	반려동물 있어요?
You are too?	너도 그래?
You like kimchi?	김치 좋아해?

학습한 내용을 응용하여 영작해보세요.

1

그녀에게 본때를 보여줘!　　　　　　　　　보기 what, got, show, you, her

2

긴장하지 말아요.　　　　　　　　　　　　　보기 be, nervous, don't

3

상상도 안 될 거야.　　　　　　　　　　　　보기 no, you, clue, have

4

파이팅!　　　　　　　　　　　　　　　　　보기 it, go, for

5

블루팀 가자!　　　　　　　　　　　　　　　보기 go, go, Blue

Drill 2

영어를 가리고 한국어를 보면서 바로 말할 수 있는지 체크해보세요.

☐ 본때를 보여줘!	Show them what you got!
☐ 세상에. 나 너무 떨려.	Oh my goodness. I'm so nervous.
☐ 상상도 안 될 정도로.	You have no idea.
☐ 파이팅 해.	Just go for it.
☐ 브래드 파이팅!	Go Brad, go!
☐ 나는 인터뷰 전에 너무 떨렸다.	I was really nervous before the interview.
☐ 어쩐 일이야?	What's up?

정답 **1** Show her what you got! **2** Don't be nervous. **3** You have no clue. **4** Go for it! **5** Go Blue, go!

버스 타고 다운타운 가기

다운타운에 가려고 버스 정류장에 와 있는 리나. 오늘은 어떤 미션을 받게 될까요?

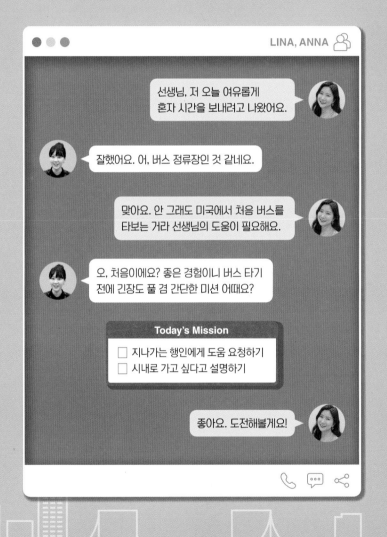

LINA, ANNA

선생님, 저 오늘 여유롭게 혼자 시간을 보내려고 나왔어요.

잘했어요. 어, 버스 정류장인 것 같네요.

맞아요. 안 그래도 미국에서 처음 버스를 타보는 거라 선생님의 도움이 필요해요.

오, 처음이에요? 좋은 경험이니 버스 타기 전에 긴장도 풀 겸 간단한 미션 어때요?

Today's Mission
☐ 지나가는 행인에게 도움 요청하기
☐ 시내로 가고 싶다고 설명하기

좋아요. 도전해볼게요!

Live Talk

Lina	Hi, excuse me. May I ask for your help?
Neighbor	No, you may not. Ha, ha, I'm just kidding. How can I help you?
Lina	Okay, I'm heading to downtown. But I'm not sure if I should take this bus, or the bus on the opposite side of this street.
Neighbor	I'm heading to downtown too. So you are on the right side.
Lina	Great, thank you.
Neighbor	No problem.

ask for 부탁[요청]하다   **help** 도움   **may not** 아닐지도 모른다   **head** (특정 방향으로) 가다, 향하다
downtown 시내   **sure** 확신하는, 확실히 아는   **take** (버스 등을) 타다   **opposite side** 반대편
right 맞는, 정확한, 올바른

리나	안녕하세요, 실례합니다. 뭐 좀 여쭤봐도 될까요?
행인	아니요, 안 돼요. 하하, 농담이에요. 어떻게 도와드릴까요?
리나	제가 시내로 가려고 하는데요.
	버스를 여기서 타야 할지 맞은편에서 타야 할지 잘 모르겠어요.
행인	저도 시내로 가는데, 여기서 타는 게 맞아요.
리나	좋네요, 감사합니다.
행인	천만에요.

Mission Completed

리나가 어떻게 미션을 달성했는지 보세요.

☑ 지나가는 행인에게 도움 요청하기

Lina **Hi, excuse me. May I ask for your help?**

Neighbor **No, you may not. Ha, ha, I'm just kidding.**
How can I help you?

지나가는 행인에게 도움 요청할 때는 May I ask for your help?라고 하면 됩니다. 혹은 Can I ask you something?이라고 해도 됩니다. 이처럼 낯선 사람에게 정중한 표현을 할 때는 Can이나 May를 쓴 다음에 〈주어 + 동사〉의 어순으로 말하는 거 잊지 마세요. 아 참, 그전에 '저기요.' 혹은 '실례합니다'라는 뜻인 Excuse me.를 말하는 것도 꼭 알아두세요.

☑ 시내로 가고 싶다고 설명하기

Lina **Okay, I'm heading to downtown.**
But I'm not sure if I should take this bus, or the bus on the opposite side of this street.

Neighbor **I'm heading to downtown too. So you are on the right side.**

길을 물을 때는 내 목적지를 말해야겠죠? 이럴 때는 〈I'm heading to + 목적지〉 패턴을 사용하면 돼요. '나는 시내로 가고 싶다.' 혹은 '시내로 가는 중이다.'는 모두 I'm heading to downtown.이라고 말해요. '나는 공항으로 가는 중이다.'는 I'm heading to the airport.가 되겠죠. 이렇게 뒤에 목적지만 넣으면 됩니다.

May I ask for your help?

뭐 좀 여쭤봐도 될까요?

보통 help는 '돕다, 거들다'라는 뜻으로 많이 알고 있어요. 하지만 동사 이외에 명사로도 사용할 수 있습니다. 앞의 대화를 보면 your help는 '도움'이라는 뜻의 명사로 쓰였죠. 이처럼 하나의 단어가 꼭 하나의 품사 역할만 하지 않는다는 것도 꼭 알아두세요. 예를 들면 I want some water.에서 water는 명사 '물'의 의미를 가지지만 I watered my plants.에서 water는 동사 '물 주다'의 의미를 가지고 있습니다.

Thank you for your help. 도움에 감사드려요.
Call me if you need any help. 도움이 필요하면 전화주세요.
Can I ask for your help? 뭐 좀 물어봐도 될까요?

➕ 도움을 요청하는 다른 표현도 알아봅시다. Would you mind helping me? Could you help me? Could you lend me a hand? 등으로 표현할 수 있어요.

But I'm not sure if I should take this bus, or the bus on the opposite side of this street.

버스를 여기서 타야 할지 맞은편에서 타야 할지 잘 모르겠어요.

교통 수단을 이용할 때는 take라는 동사를 사용해서 take a bus(버스를 타다, 버스를 이용하다)라고 쓰거나 take a taxi(택시를 타다, 택시를 이용하다)와 같이 씁니다. 그럼 get on the bus에서 get은 take와 어떤 차이가 있을까요? get은 실제로 버스를 타는 행위를 말하는 것이고, take는 버스라는 수단을 이용하는 것입니다.

Did you take a taxi? 택시를 탔어요?
You should take the subway. 지하철을 이용하세요.
Should I take this bus? 이 버스를 탈까요?

I'm heading to downtown too. So you are on the right side.

저도 시내로 가는데, 여기서 타는 게 맞아요.

I'm heading은 '향하고 있다'는 뜻이죠. 그럼 이 문장의 시제를 살펴볼까요? 회화에서 굉장히 중요한 문법 포인트 중 하나인 현재진행 시제와 현재 시제에 대해 알려드릴게요. 생각보다 많은 분이 시제 때문에 힘들어하세요. 두 시제의 차이점은 쉽게 말하면 '지속적인가, 일시적인가'에 있어요. 예를 들어 I play the game.이라고 현재 시제를 쓰면 지속성이 포함되어 있어 평상시에도 그 게임을 한다는 의미가 되지만 I'm playing the game.이라고 현재진행 시제를 사용하면 평상시에 즐기는지는 모르지만 '지금 이 순간에는 게임을 하는 중'이라는 느낌이죠.

I'm heading home.	집에 가고 있어요.
I head home around 6 p.m.	오후 6시쯤에 집에 가요.
I'm eating noodles.	국수를 먹고 있어요.
I eat noodles.	국수를 먹어요.

No problem.

천만에요.

보통 '천만에요.'라는 뜻으로 You're welcome.을 사용하는데 본문과 같이 No problem.도 많이 사용합니다. 비슷한 다른 표현도 사용해보는 게 어떨까요?

My pleasure.	천만에요.
Anytime.	언제든지.
I know you'd do the same for me.	당신도 똑같이 해줬을 거예요.
No worries.	천만에요.

➕ No problem.은 '천만에요'라는 뜻뿐 아니라 부탁이나 요청에 '그럼요, 전혀 문제되지 않아요.'라는 뜻으로도 사용합니다. 그렇게 활용하는 예를 볼까요?

Q: Can you pick me up at noon?	정오에 데리러 올 수 있어요?
A: No problem.	그럼요.

Drill 1

학습한 내용을 응용하여 영작해보세요.

1

_____

뭐 좀 여쭤봐도 될까요?　　　　　　　　　　**보기** your, I, help, can, for, ask

2

_____

제가 사무실로 가려고 하는데요.　　　　　　　**보기** the, heading, office, I'm, to

3

_____

지하철을 이용하세요.　　　　　　　　　　　**보기** subway, you, the, take, should

4

_____

오후 6시쯤에 집에 가요.　　　　　　　　　　**보기** head, 6 p.m., around, I, home

5

_____

천만에요.　　　　　　　　　　　　　　　　**보기** pleasure, my

Drill 2

영어를 가리고 한국어를 보면서 바로 말할 수 있는지 체크해보세요. 27 02

☐ 실례합니다. 뭐 좀 여쭤봐도 될까요?	Excuse me. May I ask for your help?
☐ 어떻게 도와드릴까요?	How can I help you?
☐ 제가 시내로 가려고 하는데요.	I'm heading to downtown.
☐ 이 버스를 타야 할지, 저 버스를 타야 할지 잘 모르겠어요.	I'm not sure if I should take this bus, or that bus.
☐ 천만에요.	No problem.
☐ 도움에 감사드려요.	Thank you for your help.
☐ 이 버스를 탈까요?	Should I take this bus?

 정답 **1** Can I ask for your help? **2** I'm heading to the office. **3** You should take the subway.
4 I head home around 6 p.m. **5** My pleasure.

주문이 잘못 나왔을 때 대응하기

리나가 햄버거 가게에 가서 버거 '먹방'을 하려고 하나봐요.
자, 리나의 라이브 방송에 들어가볼까요?

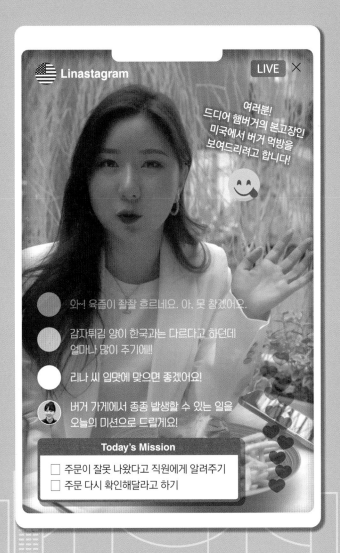

Linastagram LIVE ✕

여러분!
드디어 햄버거의 본고장인
미국에서 버거 먹방을
보여드리려고 합니다!

와~! 육즙이 좔좔 흐르네요. 아. 못 참겠어요.

감자튀김 양이 한국과는 다르다고 하던데
얼마나 많이 주기에!!

리나 씨 입맛에 맞으면 좋겠어요!

버거 가게에서 종종 발생할 수 있는 일을
오늘의 미션으로 드릴게요!

Today's Mission

☐ 주문이 잘못 나왔다고 직원에게 알려주기
☐ 주문 다시 확인해달라고 하기

Live Talk

Lina	Hi, excuse me. Sorry, but this isn't what I ordered. I think my order got mixed up with someone else's.
Employee	So sorry about that. Which one did you order?
Lina	Umm… I ordered a cheeseburger meal but I think this one has a chicken patty inside. Could you please double-check?
Employee	No problem. We'll make another one for you.
Lina	Thank you.
Employee	Can I bring a drink while you wait, on the house?
Lina	Sure. Why not?
Employee	How about some red wine?
Lina	Okay. Sounds good.
Employee	Okay. Perfect.
Lina	Thank you.

mix up 헷갈리다, 섞다　**meal** (버거의) 세트, 식사(시간), 한 끼니　**patty** 패티(고기, 생선 등을 다져 납작하게 빚은 형태)　**double-check** 다시 확인하다

리나	저기요. 죄송하지만 제가 주문한 음식이 아닌 것 같아요.
	다른 사람의 주문과 섞인 것 같아요.
직원	죄송합니다. 어떤 거 주문하셨나요?
리나	음… 치즈버거 세트를 주문했는데 이건 안에 치킨 패티가 들어 있어요.
	다시 확인해주실 수 있나요?
직원	물론이죠. 다시 만들어드리겠습니다.
리나	감사합니다.
직원	기다리시는 동안 무료로 음료 하나 드릴까요?
리나	물론 좋죠.
직원	레드 와인은 어떠신가요?
리나	좋아요.
직원	네. 좋습니다.
리나	감사합니다.

Mission Completed

리나가 어떻게 미션을 달성했는지 보세요.

☑ 주문이 잘못 나왔다고 직원에게 알려주기

Lina **Hi, excuse me. Sorry, but this isn't what I ordered.**
I think my order got mixed up with someone else's.
Employee **So sorry about that.**

직원에게 주문이 잘못 나왔다고 알릴 때는 바로 직접적으로 말하는 것보다는 〈I think~〉(~이라고 생각해요, ~이겠지요)를 사용해 I think my order got mixed up with someone else's.라고 말합니다. 다른 표현도 봅시다. I think I've got the wrong order.(다른 주문을 받은 것 같은데요.) I think this isn't what I ordered.(이건 제가 주문한 게 아닌데요.)

☑ 주문 다시 확인해달라고 하기

Lina **Could you please double-check?**
Employee **No problem.**

주문이 잘못된 것 같아서 확인해달라고 할 때는 '재확인하다'라는 뜻의 double-check를 사용해서 Could you please double-check?이라고 합니다. double-check 대신에 check again을 넣어서 Could you check again please?라고 해도 같은 뜻이 됩니다.

I think my order got mixed up with someone else's.

다른 사람의 주문과 섞인 것 같아요.

---

mix up

무엇인가가 헷갈리거나 섞였을 때는 mix up이라는 표현을 써서 Sorry, I got mixed up with another table's order.(다른 테이블과 주문이 섞였네요.)라고 말할 수 있어요. 다른 표현으로는 I think I've got the wrong order.라고 하거나 간단하게 This isn't what I ordered. 라고 말할 수 있습니다.

> **Excuse me sir, I got mixed up with another person's order.**
> 실례합니다만, 제가 다른 사람의 주문과 혼동했습니다.
> **I think I'm mixed up with another table's order.**
> 다른 테이블 주문과 헷갈린 것 같습니다.
> **Please don't mix this up with someone else's order.**
> 제발 다른 사람 주문과 혼동하지 말아주세요.

---

someone else's

else's는 else(다른)에 's가 붙어서 소유대명사인 '다른 것'이라는 의미예요. 그리고 someone else's는 '다른 사람의 것'이라는 뜻이 됩니다.

많이들 소유격과 소유대명사를 헷갈려 하는데, 일반명사의 소유격과 소유대명사의 차이는 's 뒤에 명사가 있냐 없냐입니다. 예를 들어 Anna's book(애나의 책)은 명사가 왔으니 소유격이고, Anna's(애나의 것)은 's 뒤에 명사가 오지 않았으니 소유대명사입니다. 한글로 해석하면 소유격은 '~의'이고, 소유대명사는 '~의 것'이 되는 거죠. This is Anna's book.(이것은 애나의 책이다.) This is Anna's.(이것은 애나의 것이다.)

> **This house is someone else's.** 이 집은 다른 사람의 것이에요.
> **It's not mine. It's someone else's bag.** 제 것이 아니고 다른 사람의 가방이에요.
> **I'm in someone else's office now.** 나는 지금 다른 사람의 사무실에 있어요.

We'll make another one for you.

다시 만들어드리겠습니다.

여기서 one은 치즈버거를 언급하는 것입니다. 이렇게 one은 여러 가지 가운데 특정한 사물이나 사람을 가리키는 말로 사용돼요. 내가 음식을 다시 해달라고 요청할 때는 Sorry, but could I get a new one?(죄송하지만 음식 새로 해주실 수 있나요?)라고 말할 수 있습니다.

Can I have the black one?	검은색으로 주실래요?
This one is not for you.	이것은 네 것이 아니야?
No one is in the room.	아무도 방에 없는데요.

Can I bring a drink while you wait, on the house?

기다리시는 동안 무료로 음료 하나 드릴까요?

접속사 while은 '~하는 동안'이라는 뜻으로, 다른 일을 하는 동시에 무언가를 할 때 사용합니다. 여기서는 기다리는 동안 음료를 갖다주겠다는 표현이 됩니다.

You can eat while I'm singing a song.
내가 노래를 부르는 동안 식사를 하세요.
I will take notes while you talk.
말을 하는 동안 나는 받아 적을게요.
I'll make some pasta while you're setting the table.
식탁을 차리는 동안 내가 파스타를 만들어줄게요.

Okay. Perfect.

네. 좋습니다.

'완벽한, 더할 나위 없이 좋은'이라는 뜻의 perfect는 직원이 고객이 필요한 것을 해결해준 후에 자주 사용하는 표현이에요. 직원에게서 들을 수 있는 표현에는 또 뭐가 있는지 알아볼까요?

Sorry to keep you waiting.	오래 기다리게 해서 죄송합니다.
Would you like a drink first?	음료를 먼저 드릴까요?

Drill 1

학습한 내용을 응용하여 영작해보세요.

1

다른 주문을 받은 거 같은데요.　　　　　**보기** got, wrong, think, I, the, I've, order

2

다시 확인해주실 수 있나요?　　　　　**보기** again, could, please, you, check

3

더 큰 것을 만들어드릴게요.　　　　　**보기** one, we'll, you, a, make, for, larger

4

기다리시는 동안 빵 좀 드릴까요?　　　　　**보기** you, can, wait, bring, while, some, I, bread

5

오래 기다리게 해드려서 죄송합니다.　　　　　**보기** waiting, sorry, you, keep, to

Drill 2

영어를 가리고 한국어를 보면서 바로 말할 수 있는지 체크해보세요.

☐ 죄송하지만 제가 주문한 음식이 아니예요.	Sorry, but this isn't what I ordered.
☐ 다른 사람의 주문과 섞인 것 같아요.	I think my order got mixed up with someone else's.
☐ 다시 확인해주실 수 있나요?	Could you please double-check?
☐ 다시 만들어드리겠습니다.	We'll make another one for you.
☐ 기다리시는 동안 무료로 음료 하나 드릴까요?	Can I bring a drink while you wait, on the house?
☐ 좋습니다.	Okay. Perfect.
☐ 다른 테이블 주문과 헷갈린 것 같습니다.	I think I'm mixed up with another table's order.

 1 I think I've got the wrong order. **2** Could you check again please? **3** We'll make a larger one for you. **4** Can I bring some bread while you wait? **5** Sorry to keep you waiting.

이웃과 저녁 약속 잡기

미국에서 한 달 살기를 하는 중 동네 친구를 만난 리나. 오늘의 미션은 과연 무엇일까요?

Live Talk

Lina	Hi Tess, how are you.
	I haven't seen you for a while.
Tess	Hey, Lina. So good to see you.
Lina	So good to see you!
	Let's have dinner sometime!
Tess	Yeah, you know, there's a really nice Spanish restaurant near around here.
	Actually, Mia and I, we are going to go next Friday. Why don't you join us?
Lina	Next Friday? Actually, that sounds perfect. Let's do that.
Tess	Great. Oh, I'll keep you posted. See you, Lina!
Lina	See you, Tess!

see 보다, 만나다(haven't seen 보지 못했다)   **for a while** 한동안   **have a dinner** 저녁 먹다
sometime 언젠가, 언제고   **near** 가까이, 가까운   **around** 주변에, 주위에   **Why don't you** ~하지 않을래?[~할래?]   **keep someone posted** ~에게 연락하다

리나	테스, 잘 지냈어? 오랜만이야.
테스	리나, 오랜만이야.
리나	정말 오랜만이다! 언제 같이 저녁 먹자!
테스	좋아, 이 근처에 엄청 좋은 스페인 음식점 있어.
	사실 미아랑 나랑 다음 주 금요일에 가기로 했어. 같이 갈래?
리나	다음 주 금요일? 좋지. 같이 가자!
테스	좋아, 연락할게. 그때 보자, 리나!
리나	그때 봐, 테스!

Mission Completed

리나가 어떻게 미션을 달성했는지 보세요.

☑ 이웃에게 다정하게 인사하기

Lina	**Hi Tess, how are you. I haven't seen you for a while.**
Tess	**Hey, Lina. So good to see you.**

오랜만에 누군가를 만났을 때는 현재완료 시제를 이용해서 안부를 물어볼 수 있어요. How have you been?(어떻게 지냈어?)과 같이요. 대화문에서 리나가 이웃 테스에게 인사하는 표현은 I haven't seen you for a while.로, '오랜만이야.' 또는 '한동안 못 봤네.'라는 뜻입니다. 이렇게 오랜만에 만난 이웃과의 인사를 다정하게 나눠보는 것도 좋겠죠.

☑ 영어로 약속 잡기

Lina	**So good to see you! Let's have dinner sometime!**
Tess	**Yeah, you know, there's a really nice Spanish restaurant near around here.**
	Actually, Mia and I, we are going to go next Friday.
	Why don't you join us?

정확하게 약속을 하는 것은 아니지만 '밥 한번 먹자!'와 같이 인사말처럼 흔하게 하는 표현 중에 Let's have dinner sometime!이 있어요. 아주 자연스럽게 저녁 약속을 잡는 표현으로 좋겠죠. 이 패턴으로 dinner 대신 dinner party(디너 파티)를 넣어서 말해보면 Let's have a dinner party sometime!이 되죠. 정말 많이 쓰는 표현으로 '언제 한번 놀자.', '만나서 시간 보내자.'라고 할 때는 Let's hang out sometime!이라고 합니다. '언제 술 한잔 하자.'라는 말도 자주 사용하죠. 영어로는 Let's grab a drink sometime!이라고 해요.

I haven't seen you for a while.

오랜만이야.

for a while은 '한동안, 당분간'이라는 뜻으로 for는 '시간의 지속'의 의미를 가져요. 그래서 I haven't seen you for a while.이라고 하면 '한동안 쭉 너를 보지 못했다.'라는 의미가 됩니다. 간혹 for 대신에 in을 넣은 in a while이라는 표현을 들은 적 있을 거예요. in은 for처럼 계속 이어지는 시간의 개념이 아니라 독립된 시간의 개념을 가지고 있습니다.

예를 들어 We'll talk for a while.은 '우리는 잠시 동안 이야기를 나눌 거야.'가 되고 We'll talk in a while.은 '우리는 잠시 후에 이야기를 나눌 거야.'가 되는 거죠. '한동안'의 의미는 for a while을 사용하고, in a while은 '어쩌다 한번'의 뜻으로 every once in a while로 많이 사용합니다. We hang out every once in a while.(우린 어쩌다 한번씩 만나 놀고 있어요.)

Why don't you lie down for a while?	당분간 좀 누워 있지 그래?
We rested for a while.	우리는 한동안 쉬었어요.
Let's take a break for a while.	잠시 휴식을 취해요.

So good to see you.

오랜만이야.

오랜만에 친한 사람을 만났을 때 쓸 수 있는 표현으로 What have you been up to?(그동안 뭐 하면서 지냈어?) Look who's here?(이게 누구야!) It's been ages.(진짜 오랜만이네.)가 있습니다. 미국 사람들이 많이 쓰는 표현들을 더 알아볼까요?

Hey, you look great!	못 본 사이에 얼굴이 폈네.
You haven't changed a bit!	하나도 안 변했네!
It's been a while.	오랜만이야.

Let's have dinner sometime!

언제 같이 저녁 먹자!

a dinner와 dinner의 차이를 알아볼까요? 일반적으로 흔히 사용하는 저녁 식사에는 a를 붙이지 않아요. a dinner는 일반적으로 말하는 저녁 식사의 느낌이 아닌 하나의 이벤트성 저녁 식사라고 보면 됩니다. 그래서 Let's have a dinner party.는 '디너 파티를 가지자.'가 되고, Let's have dinner는 '저녁 먹자.'로 자주 쓰이는 일상적인 표현입니다.

She had dinner with the man.	그녀는 그 남자와 저녁 식사를 했어요.
Shall we have dinner sometime?	언제 저녁 같이 할까요?
There was a dinner party at the pool.	수영장에서 디너 파티가 열렸어요.

Actually, Mia and I, we are going to go next Friday.

사실 미아랑 나랑 다음 주 금요일에 가기로 했어.

보통 요일 앞에는 전치사 on을 붙여서 on Friday라고 하지요. 그런데 요일 앞에 next, last, this, every가 붙으면 전치사 on이 붙지 않습니다. 따라서 on next Friday가 아니라 next Friday가 된다는 것을 알아두세요!

I have an exam next Friday.	다음 주 금요일에 시험이 있어.
I will be back next Friday.	다음 주 금요일에 돌아올게요.

Great. Oh, I'll keep you posted.

좋아, 연락할게.

keep someone posted라고 하면 '정보를 알리다, ~에게 알리다'는 뜻으로 대화문에서는 저녁 식사 약속에 관해 연락을 하겠다는 말입니다. 그럼 '연락할게'와 관련된 표현을 더 알아볼까요? Let's keep in touch. Keep in touch. Let's stay in touch. Hit me up on the phone anytime. Give me a shout! 이 모든 표현이 다 '계속 연락하자.'라는 뜻입니다.

Will keep you posted.	계속 알려줄게.
I will keep you all posted.	모두에게 상황을 알려줄게.
I'll keep him posted.	그에게 연락할게.

학습한 내용을 응용하여 영작해보세요.

1

_____

그동안 뭐 하면서 지냈어?　　　　　　　보기 up, what, to, you, have, been

2

_____

오늘 저녁 같이 먹자.　　　　　　　보기 dinner, let's, tonight, have

3

_____

다음 주 화요일에 가기로 했어.　　　　보기 go, we, Tuesday, going, next, are, to

4

_____

같이 가자.　　　　　　　보기 join, to, want, us, I, you

5

_____

그에게 연락할게.　　　　　　　보기 him, I'll, posted, keep

영어를 가리고 한국어를 보면서 바로 말할 수 있는지 체크해보세요.　

☐ 오랜만이야.	I haven't seen you for a while.
☐ 언제 같이 저녁 먹자!	Let's have dinner sometime!
☐ 우리 다음 주 금요일에 가기로 했어.	We are going to go next Friday.
☐ 같이 갈래?	Why don't you join us?
☐ 연락할게.	I'll keep you posted.
☐ 잠시 휴식을 해요.	Let's take a break for a while.
☐ 그동안 뭐 하면서 지냈어?	What have you been up to?

정답 **1** What have you been up to? **2** Let's have dinner tonight. **3** We are going to go next Tuesday. **4** I want you to join us. **5** I'll keep him posted.

친구와 함께 반려견 산책하기

친구가 강아지를 산책시킨다고 해서 친구를 기다리고 있는 리나.
오늘은 어떤 미션을 받게 될까요?

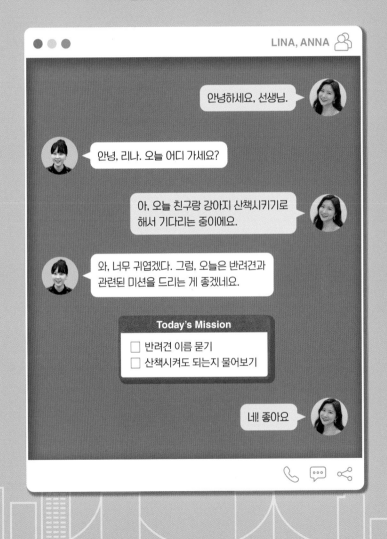

Live Talk

Lina	Hey, Janet!
Janet	Hey, Lina! How are you?
Lina	How are you?
	Oh, my goodness. They are adorable.
Janet	Aren't they? They are my babies.
Lina	What's their name?
Janet	This is Chestnut, and this is Peanut.
	Come here, Peanut.
Lina	Peanut!! Come here! Aw... So cute.
	Can I try walking him?
Janet	Yes, of course.
	Just make sure to keep a tight leash, OK?
Lina	Yeah, OK. Come on, Peanut. Let's go.
Janet	Let's go.
Lina	You good boy! Aw. So cute!

adorable 사랑스러운 **cute** 귀여운 **Can I try** ~해봐도 돼요? **walk** 산책하다 **make sure** 반드시 하다 **tight** 꽉, 단단히 **leash** (개 등에 매는) 가죽 끈, 개 줄

리나	재닛! 안녕.
재닛	리나! 잘 지냈어?
리나	세상에. 너무 사랑스럽다.
재닛	예쁘지? 내 아이들이야.
리나	(친구가 안은 강아지를 보며) 얘는 이름이 뭐야?
재닛	얘는 체스넛, 그리고 얘는 피넛. 이리 와, 피넛.
리나	피넛! 이리 와! 와⋯ 너무 귀엽다. 내가 산책시켜봐도 돼?
재닛	당연하지. 끈만 꽉 잡으면 돼, 알겠지?
리나	알겠어. 이리 와, 피넛. 가자.
재닛	가자.
리나	잘했어! 너무 귀엽다!

Mission Completed

리나가 어떻게 미션을 달성했는지 보세요.

☑ 반려견 이름 묻기

Lina **What's their name?**

Janet **This is Chestnut, and this is Peanut. Come here, Peanut.**

What's their name?은 친구가 안고 있는 강아지를 보며 물은 말입니다. 여기서 their는 his or her를 뭉뚱그린 표현으로, 강아지의 성별을 모를 때 그렇게 표현할 수 있습니다. 즉 What's their name?은 What's his or her name?이란 표현과 같습니다.

☑ 산책시켜도 되는지 물어보기

Lina **Peanut!! Come here! Aw… So cute. Can I try walking him?**

Janet **Yes, of course.**

산책시켜도 될지를 물어볼 때는 상대방에게 승낙을 받아야 하므로 〈Can I~?〉를 써서 Can I try walking him?이라고 합니다. 동사 try는 동사 뒤에 to 부정사가 오느냐, 동명사가 오느냐 에 따라 뜻이 달라져요. 〈try to + 동사(to 부정사)〉는 '~하려고 노력하다'라는 뜻으로 미래지향 적인 의미이고, 〈try + 동사-ing(동명사)〉는 '~을 시도하다', '~를 한번 해보다'라는 뜻으로 과 거지향적인 의미입니다. 그래서 I try to study English.는 '나는 영어 공부를 하려고 노력한 다.'가 되고 I try studying English.는 '나는 영어공부를 해본다.'라는 뜻입니다.

They are adorable.

너무 사랑스럽다.

회화에서 은근히 많이 헷갈려 하는 they는 사람뿐 아니라 사물이 여러 개일 때도 씁니다. they
는 it의 복수형이라고 기억하면 돼요. 예를 들어 사과, 토마토, 오이와 같은 여러 종류의 채소를
언급한 뒤 이 모든 것이 다 건강에 좋다는 말을 하려면 They are healthy.라고 해요. 채소들을
묶어서 주어 they로 받는 거죠.

They are so cute.	너무 귀엽다.
They are good for your body.	몸에 아주 좋습니다.
They are in my bag.	내 가방 안에 있어요.

Aw... So cute.

와, 너무 귀엽다.

형용사 cute는 '귀여운'이라는 뜻으로 앞에 so를 넣어서 '너무 귀엽다'라는 말이 됩니다. cute
에서 파생되는 비격식어인 명사 cutie는 귀여운 사람을 말할 때 사용하는 말로 '너무 귀엽다'라
는 뜻이고 Aw. It's really a cutie.라고 합니다. cutie pie는 애인을 부르는 호칭으로 영화에
서 들어봤을 텐데요. '진짜 너무 너무 귀엽다'라는 표현으로 You're such a cutie pie.를 알아
두세요.

He's such a cute boy.	그는 정말 귀여운 아이야.
This hat is cute.	이 모자는 귀엽다.
I have a cute sister.	귀여운 여동생이 있어.

Just make sure **to keep a tight leash, OK?**

끈만 꽉 잡으면 돼, 알겠지?

just

여기서 just는 '그저, 단지'라는 뜻이에요. just에는 '그저'라는 뜻 외에도 다양한 뜻이 있습니다. '정확히'라는 뜻은 It's just my size.(딱 내 사이즈야.)와 같이 사용할 수 있고, '막, 방금'의 뜻은 I've just heard the news.(방금 그 소식을 들었어요.)와 같이 사용할 수 있어요. 또 '오직'이라는 뜻은 Just for you!(오직 너를 위한 거야!), '좀'이라는 뜻은 Just listen to me.(좀 들어봐.), '간신히'라는 뜻은 I came here just after ten.(간신히 10시 조금 넘어서 왔어요.)과 같이 사용해요.

It was **just** an ordinary day.	그저 평범한 날이었어요.
All you have to do is **just** enjoy the party.	그저 파티만 즐기면 돼.
Just make sure to clean after eating.	밥 먹고 청소하는 거 잊지 마세요.

make sure

make sure의 사전적인 뜻은 '확실히 하다'지만 '무엇을 꼭 하다'로 해석하는 게 더 자연스럽습니다. Make sure you have your mask.는 '마스크 꼭 챙기세요.'라는 뜻이 되죠. 문장을 해석할 때 너무 직역을 하다 보면 표현이 이상해질 수 있으니 의역을 하는 것도 방법입니다.

Make sure to do something.
꼭 해보세요.

Please make sure **to wash your hands when you get home.**
집에 오면 꼭 손을 닦으세요.

Make sure not to run in the hallway.
복도에서는 뛰지 않도록 명심하세요.

➕ 〈make sure to 동사〉 패턴 외에 〈make sure that 주어+동사〉 패턴도 사용할 수 있습니다.

I always make sure **that I lock the door when I leave.**
집을 나갈 때는 항상 반드시 문을 잠급니다.

Make sure that you turn off the light.
불을 반드시 끄세요.

Drill 1

학습한 내용을 응용하여 영작해보세요.

1

_____

세상에.　　　　　　　　　　　　　　　　　　**보기** my, gosh, oh

2

_____

내 가방 안에 있어요.　　　　　　　　　　　**보기** are, bag, in, they, my

3

_____

그들의 팀 명이 뭐야?　　　　　　　　　　　**보기** team, what's, name, their

4

_____

밥을 먹여봐도 돼?　　　　　　　　　　　　**보기** try, him, can, feeding, I

5

_____

그저 일찍 오기만 하면 돼.　　　　　　　　**보기** to, make, early, just, come, sure

Drill 2

영어를 가리고 한국어를 보면서 바로 말할 수 있는지 체크해보세요.

☐ 너무 사랑스럽다.	They are adorable.
☐ 이름이 뭐야?	What's their name?
☐ 와, 너무 귀엽다.	Aw… So cute.
☐ 내가 산책시켜봐도 돼?	Can I try walking him?
☐ 끈만 꽉 잡으면 돼, 알겠지?	Just make sure to keep a tight leash, OK?
☐ 그저 평범한 날이었어요.	It was just an ordinary day.
☐ 복도에서는 뛰지 않도록 명심하세요.	Make sure not to run in the hallway.

 1 Oh, my gosh. **2** They are in my bag. **3** What's their team name? **4** Can I try feeding him? **5** Just make sure to come early.

192

지각하는 친구 기다리기

친구와 영화를 보기 위해 밖에서 친구를 기다리는 리나.
오늘은 어떤 미션을 받을까요?

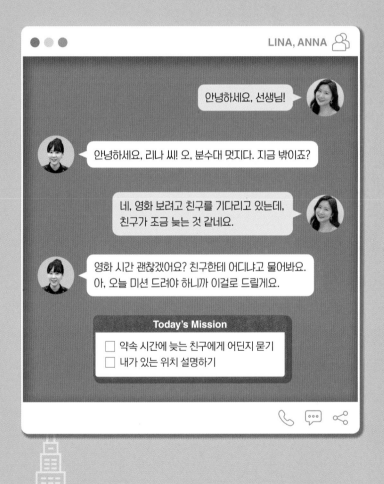

Live Talk

Stephen	Hello.
Lina	Hey, Stephen, the movie starts in 15 minutes. Are you almost here?
Stephen	Yes. Yes, Lina. I just got off the train right now. I'm so sorry for running late.
Lina	Oh, it's okay. How long are you going to take? I'm in front of the water fountain at Washington Square Park.
Stephen	Yeah, yeah. I'm almost there. I can't find you though. What are you wearing?
Lina	I'm wearing a yellow jacket. Oh, wait. Oh, I think I see you. Stephen!!
Stephen	Hi, Lina!
Lina	Hey, how are you!
Stephen	I'm good. I'm so sorry for running late.
Lina	Seriously?
Stephen	It won't happen again. I got stuck in the train, so I couldn't text you in advance.
Lina	It's okay. You know what, I know we are late, but let's go get some popcorns.
Stephen	Yes, please, come on!

get off (탈 것에서) 내리다 run late 늦다 water fountain 분수대, (공공장소의) 분수식 식수대 get stuck 꼼짝 못하다, 오도 가도 못하다, 갇히다 text 메시지[문자]를 보내다 advance 미리

리나	스티븐, 영화 15분 후에 시작해. 거의 다 온 거야?	스티븐	안녕, 리나!
스티븐	응. 응, 리나. 나 이제 기차에서 막 내렸어. 늦어서 미안해.	리나	잘 지냈어?
리나	오, 괜찮아. 얼마나 걸려? 나 지금 워싱턴 스퀘어 공원 분수대 앞에 있는데.	스티븐	잘 지냈지. 늦어서 미안해.
		리나	정말로?
스티븐	응, 응. 나 거의 다 왔어. 그런데 네가 안 보여. 너 뭐 입고 있어?	스티븐	다시는 그런 일 없을 거야. 기차에 갇혀서 미리 문자를 보낼 수가 없었어.
리나	나 노란색 재킷 입고 있어. 아, 잠시만. 아, 너 본 것 같아. 스티븐!!	리나	괜찮아. 있잖아, 우리 늦은 거 알지만 팝콘 사러 가자.
		스티븐	그래, 얼른 가자!

Mission Completed

리나가 어떻게 미션을 달성했는지 보세요.

☑ 약속 시간에 늦는 친구에게 어딘지 묻기

Lina **Hey, Stephen, the movie starts in 15 minutes. Are you almost here?**

Stephen **Yes. Yes, Lina. I just got off the train right now. I'm so sorry for running late.**

리나는 '거의 다 온 거야?'라고 돌려서 물어봤죠. Are you almost here? 이렇게요! 대답으로 '거의 다 왔어.'라고 말할 때는 I'm sorry. I'm almost there.라고 하면 됩니다. 만약 조금 더 늦을 것 같다면 I'm running a bit late.이라고 말하면 됩니다. 늦는 이유도 설명해줘야 하죠. '차가 너무 막혔어.'라고 말할 때는 I was stuck in traffic.이라고 하면 됩니다.

☑ 내가 있는 위치 설명하기

Lina **Oh, it's okay. How long are you going to take?**
I'm in front of the water fountain at Washington Square Park.

Stephen **Yeah, yeah. I'm almost there.**

친구한테 나의 위치를 설명해줄 때는 I'm in front of the water fountain at Washington Square Park.라고 해요. 그럼 I'm을 살리고, 뒷문장을 바꿔서 연습해볼까요? '나 지금 파란색 건물 뒤에 있어.'는 behind(뒤에)라는 전치사를 써서 I'm behind the blue building.이라고 말하면 됩니다. '나 지금 카페 앞에 있어.'라고 말하려면 I'm in front of the cafe.라고 해요.

Are you almost here?

거의 다 온 거야?

자, 여기서 왜 here를 썼을까요? 내 입장에서 이야기를 할 땐 here를 사용합니다. 내가 '여기'에 있으니까요. 친구 입장에서는 '거기'가 되니까 there를 쓰면 되겠죠. I'm almost there(나 거의 다 왔어.) 이렇게요.

I've been waiting for you here for half an hour.
나 너를 여기서 30분이나 기다리고 있어.

We're all here waiting for him to come.
우리는 모두 여기서 그가 오기만을 기다리고 있어요.

I'm so sorry for running late.

늦어서 미안해.

run late은 '늦다'라는 의미로, '늦을 것 같아.'는 I'm running late. 또는 I'm running a bit late.라고 말해요. 같은 뜻으로 I'll be a little bit late. 또는 I'm sorry for being late.이라고 말할 수도 있습니다. 구체적으로 '20분 늦을 것 같아.'라고 말할 때는 I will be 20 minutes late. 또는 I'm running 20 minutes late.이라고 해요.

All the metros are running late.   모든 지하철이 연착되고 있어요.
I'm running late for class.   나 수업에 늦었어.

I'm in front of the water fountain at Washington Square Park.

나 지금 워싱턴 스퀘어 공원 분수대 앞에 있는데.

내가 있는 위치를 이야기할 땐 〈I'm + 위치(전치사 + 명사)〉 패턴으로 표현할 수 있어요. '10분 안에 도착할 거야.'는 I'll be there within 10 minutes.라고 합니다.

I'm across from the shopping mall.   나는 쇼핑몰 건너편에 있어요.
I'm in front of the red brick building.   나는 빨간색 벽돌 건물 앞에 있는데.

I'm wearing a yellow jacket.

나 노란색 재킷을 입고 있어.

wear은 '입고 있다, 착용하고 있다'라는 뜻으로 '나는 귀걸이를 하고 있어.'는 I'm wearing earrings.가 됩니다. put on은 '~을 입다, ~을 쓰다'라는 의미로, I'm putting on my jacket. 은 '나는 재킷을 입고 있어요.'가 됩니다.

I'm wearing a green sweater and a cap.
나는 초록색 스웨터에 야구모자를 쓰고 있어요.

She always wears heels to work.
그녀는 항상 힐을 신고 출근해요.

I got stuck in the train, so I couldn't text you in advance.

기차에 갇혀서 미리 문자를 보낼 수가 없었어.

get stuck

stuck은 '갇혔다'라는 의미로 차가 막혀서, 전철에 갇혀서(전철이 늦어져서) 등 '막히다'의 의미가 되죠. 그리고 이 단어 앞에 get을 넣은 get stuck은 '꼼짝 못하게 되다'라는 뜻이 됩니다. 친구에게 길이 막혀서 늦었다는 핑계를 댈 때는 I was stuck in traffic. 아니면 There was so much traffic.이라고 말하면 됩니다. 늦은 상황에 쓸 수 있는 또 다른 표현으로 miss(놓치다)라는 동사를 써서 Sorry, I missed the bus.(미안, 버스를 놓쳤어.)처럼 말할 수 있어요.

My taxi got stuck in traffic. 내가 탄 택시가 교통 체증에 걸렸어.
The car wheels got stuck in the sand. 차바퀴가 모래에 빠져버렸어요.

text

동사 text는 '(휴대폰으로) 문자를 보내다'라는 뜻으로 send a message보다 빈번히 사용하는 표현입니다. 명사 text는 '문자 메시지'로 I got your text message in the morning.(너의 문자 메시지를 아침에 받았어.)이라고 말합니다.

I will text you later. 나중에 문자 보낼게.
Will you text me tomorrow? 내일 문자 보내줄래?
Text me when you get there. 거기에 도착하면 문자 보내줘.

1

나는 좀 늦어요.   보기 bit, I'm, late, running, a

2

우리는 모두 여기서 그가 오기만을 기다리고 있어요.

보기 him, all, come, we're, waiting, here, to, for

3

나는 쇼핑몰 건너편에 있어요.   보기 shopping, I'm, from, mall, across, the

4

난 초록색 스웨터에 야구모자를 쓰고 있어요.

보기 cap, sweater, I'm, a, and, green, wearing, a

5

나중에 문자 보낼게.   보기 you, I, later, text, will

Drill 2   영어를 가리고 한국어를 보면서 바로 말할 수 있는지 체크해보세요.   31
02

☐ 거의 다 온 거야?	Are you almost here?
☐ 나 지금 워싱턴 스퀘어 공원 분수대 앞에 있는데.	I'm in front of the water fountain at Washington Square Park.
☐ 늦어서 미안해.	I'm so sorry for running late.
☐ 기차에 갇혀서 미리 문자를 보낼 수가 없었어.	I got stuck in the train, so I couldn't text you in advance.
☐ 나 너를 여기서 30분이나 기다리고 있어.	I've been waiting for you here for half an hour.
☐ 내가 탄 택시가 교통 체증에 걸렸어.	My taxi got stuck in traffic.
☐ 거기에 도착하면 문자 보내줘.	Text me when you get there.

정답 **1** I'm running a bit late. **2** We're all here waiting for him to come. **3** I'm across from the shopping mall. **4** I'm wearing a green sweater and a cap. **5** I will text you later.

음식 테이크아웃하기

멕시코 음식을 테이크아웃 하려고 식당에 온 리나. 오늘은 어떤 미션을 받게 될까요?

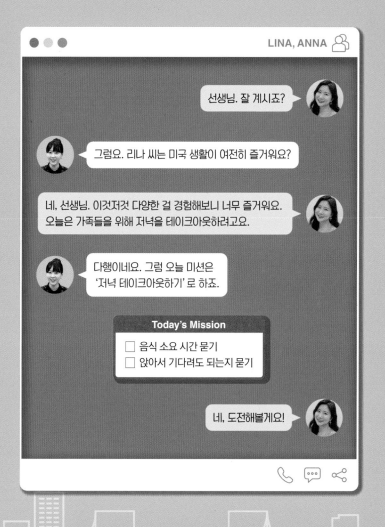

LINA, ANNA

> 선생님. 잘 계시죠?

> 그럼요. 리나 씨는 미국 생활이 여전히 즐거워요?

> 네, 선생님. 이것저것 다양한 걸 경험해보니 너무 즐거워요.
> 오늘은 가족들을 위해 저녁을 테이크아웃하려고요.

> 다행이네요. 그럼 오늘 미션은
> '저녁 테이크아웃하기'로 하죠.

Today's Mission
- ☐ 음식 소요 시간 묻기
- ☐ 앉아서 기다려도 되는지 묻기

> 네, 도전해볼게요!

Live Talk

Lina	Hello.
Staff	Hi.
Lina	May I have 1 Fajita and 2 Enchiladas for take-out?
Staff	Sure. 1 Fajita and 2 Enchiladas.
Lina	Oh, and can I have extra utensils?
Staff	How many do you need?
Lina	Two, please. How long will it take?
Staff	It will take approximately 20 minutes.
Lina	Do you mind if I sit inside while waiting?
Staff	Sure, no problem.
	I will let you know when your food is ready.
Lina	Thank you so much.

Fajita 파히타(양파, 고추, 고기 등을 조리해 토르티야로 싸 먹는 멕시코 요리)　**Enchiladas** 엔칠라다(토르티야 사이에 고기, 해산물, 치즈 등을 넣어 구운 멕시코 요리)　**take-out** 테이크아웃, 들고 가기용 요리　**utensil** 수저, 포크 등의 도구를 통칭　**approximately** 대략, 약　**inside** 안에　**while waiting** 기다리는 동안 **let you know** 너에게 알려줄게

리나	안녕하세요.
직원	안녕하세요.
리나	파히타 1개랑 엔칠라다 2개를 테이크아웃할 수 있을까요?
직원	네, 파히타 하나랑 엔칠라다 2개요.
리나	아, 포크도 더 주실 수 있나요?
직원	몇 개 필요하세요?
리나	2개 주세요. 얼마나 걸릴까요?
직원	대략 20분 걸릴 거예요.
리나	안에 앉아서 기다려도 되나요?
직원	물론이죠. 음식이 준비되면 알려드릴게요.
리나	감사합니다.

Mission Completed

리나가 어떻게 미션을 달성했는지 보세요.

☑ 음식 소요 시간 묻기

Lina **Two, please. How long will it take?**

Staff **It will take approximately 20 minutes.**

주문한 음식이 나오는 데 얼마나 걸리는지 물어보려면 How long will it take? 또는 How long does it take?라고 하면 됩니다. 비슷한 표현으로는 When can I have them?이 있어요. 이렇게 소요 시간을 물어볼 때는 동사 take(시간이 걸리다)를 사용해서 〈take + time〉 패턴으로 말할 수 있습니다. Becoming fluent in English takes time.은 '영어를 유창하게 하려면 시간이 걸려요.'라는 뜻이 되죠.

☑ 앉아서 기다려도 되는지 묻기

Lina **Do you mind if I sit inside while waiting?**

Staff **Sure, no problem.**

기다리는 동안 앉아도 될지 물어보려면 Do you mind if I sit inside while waiting?이라고 합니다. 여기서 〈Do you mind~?〉는 '~해도 될까요?'라는 표현으로 정중하게 물을 때 사용해요. Do you mind if I open the window?(창문을 좀 열어도 될까요?), Do you mind if I look around the house?(집을 좀 둘러봐도 될까요?)와 같이 사용할 수 있습니다. while은 '~하는 동안'이라는 뜻이에요. while I was sleeping이라고 하면 '내가 잠을 자는 동안에'이고, while drinking이라고 하면 '술을 마시는 동안에'가 돼요.

Oh, and can I have extra utensils?

아, 포크도 더 주실 수 있나요?

---

utensils는 '수저, 식기'를 말하고 본문에서는 포크를 달라는 표현으로 사용되었어요. 발음은 '유텐슬스'이고 2음절에 강세를 줘요. –sils는 힘을 쫙 빼고 '슬스~'라고 흘리듯 발음하면 됩니다.

Here are utensils.   여기 수저가 있어요.
Utensils are in the drawer.   서랍 안에 수저가 있어요.
We only have plastic utensils.   플라스틱 수저밖에 없습니다.

➕ eating utensils는 우리가 식탁에서 식사를 할 때 사용하는 도구들인 포크, 나이프, 젓가락, 숟가락 등을 말해요. cooking utensils는 취사 도구들로 냄비, 프라이팬, 국자 등의 조리 기구들을 말합니다.

How many do you need?

몇 개 필요하세요?

How many는 해당 사물을 셀 수 있을 때 사용합니다. 본문에서는 utensils(포크)의 개수를 물어보는 것이니 many로 물어보았지만 셀 수 없는 사물인 물이나 빵인 경우에는 How much로 물어봅니다.

How many spoons do you need?   숟가락 몇 개 필요하세요?
How many kids are in the room?   아이들이 몇 명이나 방에 있나요?
How many pieces of cake do you want?   케이크 몇 조각을 원하나요?

➕ 셀 수 없는 것에 붙이는 How much를 활용한 표현도 알아볼까요?

How much milk is in the fridge?   냉장고에 우유가 얼마나 있어?
How much money did you spend?   돈을 얼마나 썼어?

➕ How much는 가격을 물을 때도 쓰입니다.

How much is the ticket?   표 값이 얼마인가요?
How much did your jacket cost?   네 재킷은 얼마였어?

It will take approximately 20 minutes.

20분 정도 걸릴 거예요.

'대략, 약, 어림잡아, 거의'라는 뜻으로 시간, 거리, 무게 등을 말할 때 자주 등장하는 표현이에요. 비슷한 표현으로 about, around, 등이 있습니다. 대화문에서와 같이 정확한 시간을 딱 얘기하기 애매한 경우에 사용하죠. 줄임말은 appx.로 씁니다.

It took approximately 5 hours.   대략 5시간 걸렸어요.
We have approximately 16 hours left.   16시간 정도 남았어요.
Approximately, how much is it?   대략 얼마예요?

➕ approximately와 비슷한 의미의 단어로는 about과 around가 있습니다. 하지만 이 세 단어의 의미에는 약간의 차이가 있는데요. 예를 들면, 어떤 목표가 있으면 about은 around보다 목표에 더 근접해 있는 경우에 사용합니다. approximately는 이 둘과 같은 개념을 가지지만 보통 공식적인 자리인 비즈니스 발표 자리, 뉴스, 학술 논문 등에서 사용하는 표현으로 쓰인다고 보면 됩니다.

It costs about 20 dollars.   그건 20달러 정도 한다.
I arrived around 9 a.m.   나는 아침 9시쯤 도착했다.

I will let you know when your food is ready.

음식이 준비되면 알려드릴게요.

동사 let에는 '~하게 놓아두다, ~을 하도록 허락하다'라는 뜻이 있어요. 여기서의 let은 '~해드릴게요'로 let you know라고 하면 '너에게 알려줄게.'가 됩니다. 또 다른 표현으로 let me know는 '나에게 알려줘.'로 상대에게 특정 정보를 캐낼 때 유용한 표현이죠. let me know 뒤에 명사나 if 절을 사용해서 무엇을 알려달라는 건지 구체적으로 말할 수 있어요. Let me know If you're interested.(관심 있으면 나한테 알려줘.)

I'll let you know where we are going tomorrow.
내일 어디로 가는지를 알려줄게.

Let me know your phone number.
네 전화번호 알려줘.

Let me do it.
내가 해줄게.

Drill 1

학습한 내용을 응용하여 영작해보세요.

1

_____

수저를 2개 더 주실 수 있나요?　　　　　　　보기 more, can, utensils, have, I, two

2

_____

몇 장의 파일이 필요한가요?　　　　　　　보기 you, how, files, need, many, do

3

_____

도착하기까지는 얼마나 걸릴까요?　　　　　　보기 it, arrive, how, to, will, take, long

4

_____

대략 한 시간 걸릴 거예요.　　　　　　　보기 an, will, approximately, hour, it, take

5

_____

물 좀 마셔도 되나요?　　　　　　보기 drink, you, I, do, if, water, mind, some

Drill 2

영어를 가리고 한국어를 보면서 바로 말할 수 있는지 체크해보세요.

☐ 아, 포크도 더 주실 수 있나요?	Oh, and can I have extra utensils?
☐ 몇 개 필요하세요?	How many do you need?
☐ 얼마나 걸릴까요?	How long will it take?
☐ 대략 20분 걸릴 거예요.	It will take approximately 20 minutes.
☐ 안에 앉아서 기다려도 되나요?	Do you mind if I sit inside while waiting?
☐ 음식이 준비되면 알려드릴게요.	I will let you know when your food is ready.
☐ 플라스틱 수저밖에 없습니다.	We only have plastic utensils.

 1 Can I have two more utensils? 2 How many files do you need? 3 How long will it take to arrive? 4 It will take approximately an hour. 5 Do you mind if I drink some water?

예약 없이 맛집에 입장하기

친구와 유명한 식당에 예약 없이 간 리나.
오늘은 애나 선생님에게서 어떤 미션을 받게 될까요?

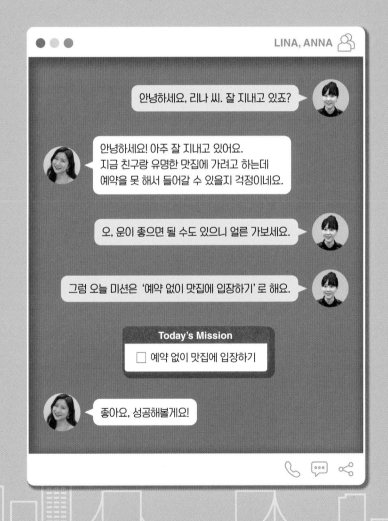

Lina	Hello, how are you? Can we get a table for two?
Staff	Hi, do you have a reservation?
Lina	No, we don't have a reservation. Just walk-in. How long is the wait?
Staff	Currently, we have 3 groups before you. It might take about 20 minutes.
Lina	I think we can wait. Yeah, can we put our name on the wait list?
Staff	Sure. What's your name and phone number?
Lina	It's Lina Lee, and my phone number is 917 123 3343.
Staff	You are all set. I will call your name when your tables are ready.
Lina	Thank you.

reservation 예약 just walk-in (예약 없이) 그냥 오다 wait 기다리다, 기다리는 시간 currently 현재, 지금 might ~일지 모른다 put on (명단 등에) 올려놓다 wait list 대기 명단 be all set 준비가 되다 call 부르다

리나	안녕하세요. 두 명 자리 있을까요?
점원	안녕하세요. 예약하셨나요?
리나	아니요, 예약 안 했어요. 그냥 왔는데, 얼마나 기다려야 하나요?
점원	앞에 세 팀 있어서 아마 20분 정도 기다리셔야 할 거예요.
리나	기다릴 수 있을 것 같아요. 대기 명단에 이름 적을 수 있을까요?
점원	물론이죠. 이름과 번호가 어떻게 되나요?
리나	'리나 리'이고, 전화번호는 917 123 3343이에요.
점원	되셨습니다. 자리 나면 전화드릴게요.
리나	감사합니다.

Mission Completed

리나가 어떻게 미션을 달성했는지 보세요.

☑ 예약 없이 맛집에 입장하기

Staff	**Hi, do you have a reservation?**
Lina	**No, we don't have a reservation. Just walk-in.**
	How long is the wait?
Staff	**Currently, we have 3 groups before you. It might take about 20 minutes.**

오늘의 미션인 예약 없이 식당에 가기. 우선 '예약하지 않았다'는 We don't have a reservation.이에요. 또 Just walk-in이라는 표현은 just(그냥), walk-in(걸어 들어가다), 즉 예약 없이 그냥 들어온 손님이라는 의미입니다. 정리하면, 예약 없이 식당에 들어갈 때는 We don't have a reservation.이라고 하면 되고 추가로 walk-in이라는 표현을 써서 Just walk-in.이라고 덧붙여도 좋겠죠.

How long is the wait?

얼마나 기다려야 하나요?

wait는 동사와 명사, 둘 다 되는 단어입니다. 대부분은 '기다리다'라는 동사로 사용돼요. 대화문의 How long is the wait?에서는 wait가 명사인 '기다리는 시간'이라는 뜻으로 쓰여 '기다리는 시간이 얼마나 돼요?'라는 뜻이 됩니다.

I had a long wait for the bus.　　난 버스를 기다리는 시간이 길었다.
Please wait for me.　　기다려주세요.
She is waiting for her mom to come.　　그녀는 엄마가 오기를 기다리고 있어요.

Currently, we have 3 groups before you. It might take about 20 minutes.

앞에 세 팀 있어서 아마 20분 정도 기다리셔야 할 거예요.

might는 '~할지(일지)도 모르다'라는 뜻으로 뭔가가 아주 확실하지는 않을 때 쓰는 조동사예요. 보통 may의 과거형이 might라고 알고 있지만, might는 may보다 덜 확실할 때 쓰입니다. 그래서 대화를 하다가 상대방이 might를 썼다면 말하는 상대도 확실하지 않다는 의미입니다. 그렇기 때문에 듣는 사람은 '아, 이 사람이 말하는 정보가 정확한 건 아니구나'로 받아들여야 해요.

It might rain tomorrow.
내일 비가 올지도 몰라.

She might be smart but she was not wise.
그녀는 똑똑할지는 몰라도 현명하지는 않았어요.

You might fail if you don't practice hard.
열심히 연습하지 않으면 실패할지도 몰라요.

What's your name and phone number?

이름과 번호가 어떻게 되나요?

전화번호는 'phone number'라고 하죠. 이렇게 상대방의 전화번호를 물을 때는 What's your phone number? 또는 Can I have your number? Can I have your digits?라고 말하면 된답니다.

I would like to know his phone number.
그의 전화번호를 알고 싶어요.

I already gave you my phone number.
벌써 내 전화번호를 줬는데요.

Her phone number is easy to memorize.
그녀의 전화번호는 외우기가 쉬워요.

I will call your name when your tables are ready.

자리 나면 전화드릴게요.

call
동사 call은 '부르다, 전화하다' 등의 뜻이 있는데, 대화문에서의 call은 '부르다'라는 의미예요. 말을 할 때 call 뒤에 전치사를 넣어서 call to you라는 식의 오류를 범하는 경우가 있는데요. call 뒤에는 전치사를 쓰지 않고 바로 목적어가 나와야 합니다. I'll call you tonight!(오늘 밤에 전화할게!) 이렇게요.

Please call my name when it's done.   다 끝나면 내 이름을 불러주세요.
We will call his name out loud.   우리가 그의 이름을 크게 부를게요.

ready
ready를 동사로 알고 I ready 하는 식으로 문장을 만드는 사람이 상당히 많아요. 하지만 ready는 형용사이기 때문에 I'm ready가 되어야 합니다. 이 문장을 항상 머릿속에 넣어두고 ready가 형용사라는 것을 잊지 마세요!

We're ready to go.   우리는 갈 준비 다 됐어요.
I'm ready when you are.   당신만 좋다면 나는 준비 다 됐어요.

Drill 1

학습한 내용을 응용하여 영작해보세요.

1

_____

예약을 하지 못했어요.　　　　　　　**보기** make, I, reservation, couldn't, a

2

_____

얼마나 기다려야 하나요?　　　　　　　**보기** do, wait, how, to, I, have, long

3

_____

한 시간은 걸릴지도 몰라요.　　　　　　**보기** about, it, hour, might, an, take

4

_____

전화번호 좀 주실래요?　　　　　　　　**보기** your, number, can, have, phone, I

5

_____

자리가 준비되면 부를게요.　　　　**보기** seats, will, ready, when, call, I, are, your, you

Drill 2

영어를 가리고 한국어를 보면서 바로 말할 수 있는지 체크해보세요.

☐ 두 명 자리 있을까요?	Can we get a table for two?
☐ 아니요, 예약 안 했어요. 그냥 왔는데요.	No, we don't have a reservation. Just walk-in.
☐ 얼마나 기다려야 하나요?	How long is the wait?
☐ 아마 20분 정도 기다리셔야 할 거예요.	It might take about 20 minutes.
☐ 대기 명단에 이름 적을 수 있을까요?	Can we put our name on the wait list?
☐ 이름과 번호가 어떻게 되나요?	What's your name and phone number?
☐ 자리 나면 전화드릴게요.	I will call your name when your tables are ready.

 1 I couldn't make a reservation. **2** How long do I have to wait? **3** It might take about an hour. **4** Can I have your phone number? **5** I will call you when your seats are ready.

남은 음식 포장 요청하기

리나가 식당에서 식사를 마쳤는데 음식이 남았네요. 오늘은 어떤 미션을 받게 될까요?

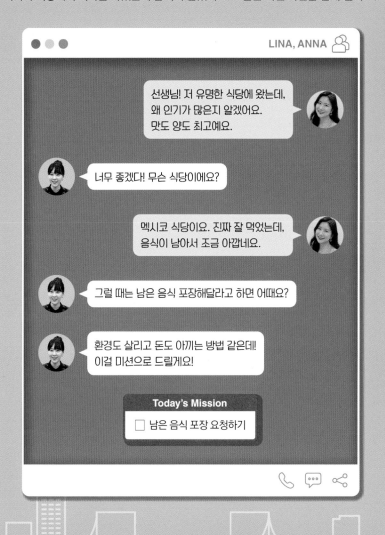

LINA, ANNA

선생님! 저 유명한 식당에 왔는데,
왜 인기가 많은지 알겠어요.
맛도 양도 최고예요.

너무 좋겠다! 무슨 식당이에요?

멕시코 식당이요. 진짜 잘 먹었는데,
음식이 남아서 조금 아깝네요.

그럴 때는 남은 음식 포장해달라고 하면 어때요?

환경도 살리고 돈도 아끼는 방법 같은데!
이걸 미션으로 드릴게요!

Today's Mission
☐ 남은 음식 포장 요청하기

Live Talk

Friend	Wow, I'm so full. Thanks for the dinner.
Lina	Yeah, me too. It was really good.
Waiter	How was everything?
Lina	It was really good. Thank you.
	Can I get a to-go box? I'd like to take my
	leftovers.
Waiter	Sure, no problem.
Lina	Thank you.

so 너무, 정말   **full** 배부른, 든든한, 꽉 찬   **to-go** 들고 가다, 포장해가다   **to-go box** 테이크아웃용 용기, 포장 박스   **take** 가져가다   **leftover** 남은 음식, 먹다 남은

친구	와, 정말 배부르다. 저녁 잘 먹었어.
리나	맞아, 나도. 정말 맛있었어.
웨이터	식사는 잘 하셨나요?
리나	정말 맛있었어요. 감사합니다.
	포장 박스 주실 수 있나요? 남은 음식을 가져가고 싶어서요.
웨이터	물론이죠.
리나	감사합니다.

Mission Completed

리나가 어떻게 미션을 달성했는지 보세요.

☑ 남은 음식 포장 요청하기

Lina **Can I get a to-go box? I'd like to take my leftovers.**

Waiter **Sure, no problem.**

미국에서는 남은 음식을 포장해가는 것이 아주 자연스럽습니다. 비록 적은 양의 음식이 남았더라도 부끄러워하지 말고 요청해보세요. 남은 음식의 포장을 요청하고 싶을 때는 Can I get a to-go box? I'd like to take my leftovers.라고 하면 됩니다.

Can I get a to-go box?(포장 박스를 주실 수 있나요?)에서 to-go box는 '포장 용기'라는 뜻이에요. 포장 용기를 요청하는 건 당연히 음식을 포장하기 위해서겠지만, 그래도 이유를 말하는 것이 좋으니 I'd like to take my leftovers.(남은 음식을 가져가고 싶어요.)라고 덧붙이는 게 좋겠죠?

➕ 식당에서 남은 음식을 포장할 때뿐 아니라 일상에서 '남은 음식' 혹은 형용사로 '먹다 남은'이라는 뜻을 leftover로 표현할 수 있어요.

Use any leftover meat to make a curry.
남은 고기를 사용해서 카레를 만드세요.

Some leftover chicken from the last night.
지난밤에 남은 치킨.

We ate the leftovers the next day.
우리는 다음 날 남은 음식을 먹었다.

Wow, I'm so full.

와, 정말 배부르다.

full은 '배부르다'라는 뜻으로, I'm full.이라고 하면 '배가 부르다'라는 뜻이에요. 여기에 so를 붙이면 '배가 정말 부르다'가 돼요. 같은 뜻의 표현으로는 I'm stuffed.가 있습니다. I'm stuffed. I don't have any room for dessert.(나는 배불러. 디저트가 들어갈 자리가 없어.)처럼 표현할 수 있습니다.

He is full now.	그는 지금 배가 불러요.
I'm still not full.	난 아직 배가 부르지 않아.
My stomach is so full.	내 배는 꽉 찼어요.

➕ '배고프다'는 영어로 어떻게 말할까요? 우리가 잘 알고 있는 hungry라는 단어를 사용해서 I'm hungry.라고 할 수 있겠죠. 하지만 이 표현보다는 I'm starving.(배고파 죽겠어.)이라는 표현을 더 많이 씁니다. 비슷한 뜻의 다양한 표현을 알아볼까요?

I could eat a horse.	돌도 씹어 먹을 수 있어요.
I'm famished.	아사할 것 같아요.

It was really good.

정말 맛있었어.

음식 맛이 좋다고 할 때는 good이라는 단어를 넣어서 It was good.이라고 합니다. good 대신에 delightful, enjoyable, wonderful, satisfying 등 다양한 형용사를 사용해볼 수도 있으니 다양하게 말해보세요. 음식이 입맛에 안 맞는 경우에는 The food was too salty.(음식이 짰어.) 가격에 대해서는 I think the price is too expensive.(가격이 너무 비싼 거 같아.)처럼 말하면 됩니다.

This waffle is so good.	이 와플 너무 맛있다.
Isn't it good?	맛있지 않니?
Your food was really good.	네 음식 정말 맛있더라.

Can I get a to-go box?

포장 박스 주실 수 있나요?

남은 음식을 포장해달라는 뜻으로 리나는 a to-go box(포장 박스)라는 표현을 써서 Can I get a to-go box?라고 했어요. 또는 Can I have a to-go box, please?라고 물어도 됩니다. 또 다른 표현으로 Can I get a box for these leftovers?라고 할 수도 있습니다.

음식을 포장해 가는 것을 take out이라고 알고 있죠. 하지만 to go라는 표현도 있답니다. 그래서 패스트푸드점에서 음식을 주문하면 직원이 For here or to go?라고 말하죠. 이 말은 '여기서 먹을지 아니면 포장해 갈지'를 물어보는 말입니다. 식당에서 먹고 간다면 For here.이라고 하고, 포장해 간다면 To go.라고 대답하면 됩니다.

Two ham sandwiches to go.	햄 샌드위치 2개 포장해주세요.
To go, please.	포장해주세요.
I'm going to take this to go.	포장해갈 거예요.

➕ 식당에서 음식을 포장해가는 것을 '테이크아웃'이라고 말하지요. 하지만 이 테이크아웃이라는 단어가 콩글리시라는 것을 알고 있나요? 이 단어는 아마 take food out of a restaurant에서 take out만 가지고 나오지 않았나 싶어요. 포장은 to go라는 표현을 써서 말한다는 것을 알아두세요!

Sure, no problem.

물론이죠.

Sure은 '물론이죠.'라는 의미로 흔히 사용하는 표현인데요. 같은 뜻의 표현으로 Of course.(당연하죠.) With pleasure.(기꺼이.) Certainly.(물론입니다.) 등도 있으니 다양하게 사용해보는 것은 어떨까요?

Sure, anytime.	물론이죠, 언제든지요.
Sure, that's great.	물론, 그거 좋네요.
Sure, why not?	물론이죠, 상관없어요.

1

_____

오늘 정말 배가 불러요. 　　　　　　　　　　　　　보기 full, I'm, today, really

2

_____

그 음식은 정말 좋았어요. 　　　　　　　　　　　　보기 was, the, good, food, so

3

_____

포장 박스 주실 수 있나요? 　　　　　　　　　　　보기 to-go, have, I, box, can, a

4

_____

남은 음식을 가지고 가고 싶어요. 　　　　　　　보기 take, I, leftovers, want, my, to

5

_____

물론이죠, 언제든지요. 　　　　　　　　　　　　　　　　보기 anytime, sure

Drill 2

영어를 가리고 한국어를 보면서 바로 말할 수 있는지 체크해보세요. 　🔊 34 02

☐ 와, 정말 배부르다.	Wow, I'm so full.
☐ 저녁 잘 먹었어.	Thanks for the dinner.
☐ 정말 맛있었어.	It was really good.
☐ 포장 박스 주실 수 있나요?	Can I get a to-go box?
☐ 남은 음식을 가져가고 싶어서요.	I'd like to take my leftovers.
☐ 물론이죠.	Sure, no problem.
☐ 내 배는 꽉 찼어요.	My stomach is so full.

정답 **1** I'm really full today. **2** The food was so good. **3** Can I have a to-go box? **4** I want to take my leftovers. **5** Sure, anytime.

택시 이용하기

길거리에서 택시를 잡으려고 하는 리나.
오늘은 애나 선생님에게서 어떤 미션을 받게 될까요?

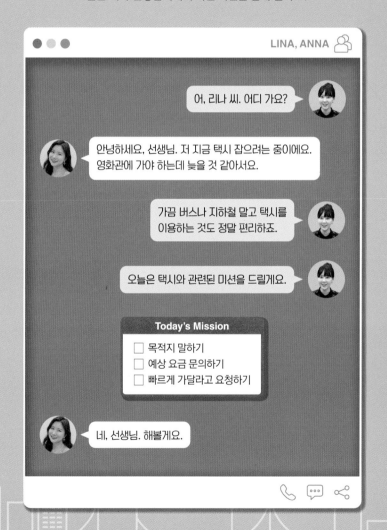

Driver	Hi, how are you?
Lina	Hi, good. How are you?
	I'm trying to go to a movie theater on west 4th Street.
Driver	Uh-huh.
Lina	How much will it cost?
Driver	It runs by the meter. Something like 10 dollars.
Lina	10 dollars? Around 10 dollars?
Driver	Yeah.
Lina	Okay, sounds good. I'm kind of in a rush.
	Could you go the fastest way you can?
Driver	Sure, I will do my best.
Lina	Thank you.
Driver	You're welcome.
Lina	Um… Could you drop me off right at the stop sign?
Driver	Sure, sure.
Lina	Thank you.
Driver	Here is good?
Lina	Yes.
Driver	Okay.

west 서쪽, 서부, 서편의   **cost** (값, 비용이) 들다   **meter** 계기, 미터   **something like** 거의, 약
around 약, 쯤, ~정도   **kind of** 약간, 어느 정도   **in a rush** 서두르는 중   **the fastest** 가장 빠른   **way**
길, 방법   **do one's best** ~의 최선을 다하다   **drop A off** A를 내려주다   **stop** 정류장   **sign** 표지판

택시기사	안녕하세요.			요. 가장 빠른 길로 가주시겠어요?
리나	안녕하세요. 서부 4번가에 있는 영 화관에 가려고 하는데요.		택시기사	그럼요, 최선을 다해볼게요.
			리나	감사합니다.
택시기사	네.		택시기사	천만에요.
리나	얼마나 나올까요?		리나	저기 정류장 표지판에서 내려주시
택시기사	미터기로 계산하는 거라 10달러 정도 될 것 같네요.			겠어요?
			택시기사	그럼요.
리나	10달러요? 10달러 정도 한다는 말 씀이시죠?		리나	감사합니다.
			택시기사	여기 괜찮을까요?
택시기사	네.		리나	네.
리나	네, 좋아요. 제가 지금 조금 급해서		택시기사	됐습니다.

Mission Completed

리나가 어떻게 미션을 달성했는지 보세요.

☑ 목적지 말하기

Lina **I'm trying to go to a movie theater on west 4th Street.**

Driver **Uh-huh.**

가려고 하는 목적지를 말할 때는 〈I'm trying to go to + 목적지〉 패턴을 사용해서 I'm trying to go to a movie theater on west 4th street.이라고 말하면 됩니다. '이 주소로 가주세요.' 라고 말하고 싶으면 this address를 넣어서 I'm trying to go to this address.라고 말해요.

☑ 예상 요금 문의하기

Lina **How much will it cost?**

Driver **It runs by the meter. Something like 10 dollars.**

택시기사에게 예상 요금을 미리 물어보고 싶다면 How much will it cost?나 How much is the fare?라고 하면 됩니다. 총 요금을 물어볼 때는 How much is the total fare?라고 해요.

☑ 빠르게 가달라고 요청하기

Lina **I'm kind of in a rush. Could you go the fastest way you can?**

Driver **Sure, I will do my best.**

빨리 가달라고 요청할 때는 I'm kind of in a rush. Could you go the fastest way you can?이라고 합니다. 이와 비슷한 표현으로 I'm kind of in a rush. Please, take the shortest way. 또는 I'm in a rush. Please, step on it.이 있습니다. 좀 더 공손한 표현으로 I'm kind of in a rush. Could you take me there as fast as you can please?도 있어요.

I'm trying to go to a movie theater on west 4th Street.

서부 4번가에 있는 영화관에 가려고 하는데요.

미국의 도로명 뒤에 붙는 Street과 Avenue에 대해 알아볼게요. 우리말로는 똑같이 '거리' 혹은 '~가'로 해석하지만 둘 사이에 차이가 있습니다. Street는 도로가 동서로 나 있는 것이고, Avenue는 도로가 남북으로 나 있는 것을 말합니다. Street는 줄여서 St.라고도 쓰고, Avenue는 Ave.라고 줄여 쓰기도 합니다. 또한 아주 넓은 도로를 Boulevard라고 하는데 Bl. 혹은 Blvd.라고 줄여 쓰기도 합니다. 그 외에 좁은 길을 뜻하는 Road나 Drive도 있죠.

I'm trying to go to culture center which is on North Street.
북쪽 거리에 있는 문화 센터에 가려고 해요.

My house is on 45 Park Street.
내 집은 45 파크가에 있어요.

Please turn left at Beach Street.
비치가에서 좌회전을 해주세요.

How much will it cost?

얼마나 나올까요?

동사 cost는 '비용이 들다'는 뜻으로 가격을 물어볼 때 사용하는 단어입니다. 대화문과 같이 택시 요금을 말할 때는 cost 대신 fare를 사용할 수 있습니다. fare는 교통수단에 대한 요금으로 bus fare, subway fare, taxi fare로 사용합니다. How much is the fare? (요금이 어떻게 되나요?)

How much did it cost?	그거 얼마 줬어?
The ring costs a fortune.	그 반지는 거금이 든다.
Does it cost a lot?	가격이 많이 드나요?

➕ 택시에는 기본 요금이 있죠. 기본은 basic, 요금은 rate을 써서 What's the basic rate?(기본 요금이 얼마죠?)라고 합니다.

I'm kind of in a rush.

제가 지금 조금 급해요.

in a rush는 '급하다'라는 의미로 in a hurry와 같은 뜻이에요. 여기서 kind of는 '약간, 어느 정도'의 뜻으로 kind of in a rush라고 하면 '조금 급하다'라는 의미입니다.

I'm in a rush.   나 급해.
You don't need to be in a rush.   서두를 필요 없어요.
Everything was done in a rush.   모든 것을 급하게 끝마쳤어요.

➕ I'm in a rush.와 반대로 급한 상황이 아니라고 말할 때는 I'm not in a rush. 또는 I'm in no rush.라고 할 수 있어요. 상대방이 자꾸 나를 재촉할 때는 Please don't rush me.라고 말해보면 어떨까요? 혹은 이렇게도 말할 수 있어요. Slow down. What's the rush?(천천히 해! 왜 그렇게 서둘러?)

I'm not in a rush.   나는 바쁘지 않아요.
Please don't rush me.   재촉하지 말아요.
There's no need to rush.   서두를 필요가 없어요.

Could you drop me off right at the stop sign?

저기 정류장 표지판에서 내려주시겠어요?

어느 지점에 내려달라고 할 때는 〈drop me off at + 목적지〉 패턴을 써서 Could you drop me off right at the stop sign?이라고 하면 돼요. 다른 표현으로는 I want to get off here. (여기서 내릴게요.), Here is fine.(여기서 내려주세요.), Stop right here please.(바로 여기서 세워주세요.), Please pull over in front of that red building.(저 빨간 건물 앞에서 세워주세요.)이 있습니다. 참고로 pull over는 '길 한쪽으로 차를 대다'라는 의미입니다.

Please drop me off at the crossing.
건널목에서 세워주세요.

You could drop me off at the tower.
저 타워에서 내려주시면 돼요.

Can you drop me off at the corner of the street?
길 모퉁이에서 내려줄 수 있어?

Drill 1

학습한 내용을 응용하여 영작해보세요.

1

_____

8번가에 있는 박물관에 가려고 해요.

보기 to, Street, I'm, museum, go, the, 8th, trying, to, on

2

_____

그거 얼마 줬어?

보기 did, how, cost, much, it

3

_____

좀 더 빨리 가주실 수 있을까요?

보기 go, please, could, faster, you

4

_____

버스 정류장에서 내려주실 수 있나요?

보기 off, stop, could, at, you, drop, bus, me, the, right

5

_____

나 급해.

보기 a, I'm, rush, in

Drill 2

영어를 가리고 한국어를 보면서 바로 말할 수 있는지 체크해보세요.

☐ 얼마나 나올까요?	How much will it cost?
☐ 제가 지금 조금 급해서요.	I'm kind of in a rush.
☐ 가장 빠른 길로 가주시겠어요?	Could you go the fastest way you can?
☐ 그럼요, 최선을 다해볼게요.	Sure, I will do my best.
☐ 저기 정류장 표지판에서 내려주시겠어요?	Could you drop me off right at the stop sign?
☐ 내 집은 45 파크가에 있어요.	My house is on 45 Park Street.

 1 I'm trying to go to the museum on 8th Street. **2** How much did it cost? **3** Could you go faster please? **4** Could you drop me off right at the bus stop? **5** I'm in a rush.

파머스 마켓 구경하기

파머스 마켓에 간 리나. 오늘의 미션은 과연 무엇일까요?
리나는 무사히 사고 싶은 음식을 살 수 있을까요?

Live Talk

Lina	Ooooh, hello.
Staff	Hi.
Lina	How are you?
Staff	Good, how are you?
Lina	I'm good. Thank you. Wow, the pies are looking good.
Staff	Thank you, they are good.
Lina	What's in there?
Staff	That one is a strawberry rhubarb. There's strawberries and rhubarb.
Lina	Rhubarb? What's rhubarb?
Staff	It's like celery. Long and…
Lina	Celery, oh it's like a vegetable.
Staff	Yeah, but it's very sour. So we add sugar to it. Because of it.
Lina	Oh, that's great. Great balance. Okay, I'll take that. I'll take mini apple crumbs as well. Can I also take Very Berry jam?
Staff	Okay, all right. Would you like a bag?
Lina	Yes, please.
Staff	Okay, all right.
Lina	Hmmm… Cookies look so good too.
Staff	Okay. So… That will be 15 dollars.
Lina	15 dollars? Here we go. Thank you.
Staff	You're welcome.
Lina	No tax?
Staff	Yeah, no tax.
Lina	Oh, that's great. Thank you so much!
Staff	You're welcome. Thank you.
Lina	Have a good day. Bye.
Staff	You, too. Bye bye.

be in there 그 안에 있다　**rhubarb** 루바브, 대황(채소)　**celery** 샐러리　**like** ~와 비슷한　**vegetable** 채소　**sour** (맛이) 신, 시큼한　**add to** ~에 더하다[추가하다]　**because of** ~때문에　**balance** 밸런스, 균형　**apple crumbs** 애플 크럼블(디저트)　**as well** ~도, 또한, 역시　**tax** 세금

리나	안녕하세요.		하나 살게요.
점원	안녕하세요.		베리베리 잼도 하나 주시겠어요?
리나	기분이 어떠세요?	점원	네, 알겠습니다. 봉투 필요하세
점원	좋아요, 그쪽은 어떠세요?		요?
리나	좋아요. 감사합니다. 와, 파이가	리나	네, 주세요.
	정말 맛있어 보여요.	점원	네, 알겠습니다.
점원	감사합니다, 정말 맛있어요.	리나	흠… 쿠키도 맛있어 보이네.
리나	안에 뭐가 들어 있나요?	점원	다 해서 15달러입니다.
점원	그건 딸기 루바브예요. 안에 딸기	리나	15달러요? 여기 있습니다. 감사
	와 루바브가 있어요.		합니다.
리나	루바브요? 루바브가 뭐예요?	점원	천만에요.
점원	셀러리 같은 거예요. 길고….	리나	세금은 없나요?
리나	셀러리, 아, 채소 같은 거네요.	점원	네, 없어요.
점원	네, 근데 엄청 시어요. 그래서 안	리나	정말 좋네요. 감사합니다.
	에 설탕을 넣었어요. 시어서요.	점원	천만에요. 감사합니다.
리나	아, 좋네요. 밸런스가 좋아요. 그	리나	좋은 하루 되세요. 안녕히 계세요.
	거 살게요. 미니 애플 크럼블도		

Mission Completed

리나가 어떻게 미션을 달성했는지 보세요.

☑ 제품에 관해 물어보기

Lina	What's in there?
Staff	That one is a strawberry rhubarb. There's strawberries and rhubarb.
Lina	Rhubarb? What's rhubarb?
Staff	It's like celery. Long and…
Lina	Celery, oh it's like a vegetable.

제품에 관해 물어볼 때는 What's in there?이라고 물어보면 되죠. 여기서 there은 제품을 말하는 거예요. 직접적으로 제품에 무엇이 들어 있는지를 물어보고 싶으면 〈Is there + 명사?〉라는 패턴으로 '~가 있나요?'라고 물어볼 수 있습니다. Is there tomato in it?(안에 토마토가 들었나요?) 이런 식으로요.

Thank you, they are good.

감사합니다, 정말 맛있어요.

'좋은'이라는 뜻인 good은 대화문에서는 음식을 말하는 것이니 '맛있는'이라고 해석하면 되겠네요. 그럼 good 말고 사용할 수 있는 단어들도 알아볼까요? cool, excellent, wonderful, perfect, fantastic, terrific, outstanding, awesome 등이 있습니다.

These tacos are good. 이 타코들은 정말 맛있다.
Are they good for me? 그것들은 나에게 좋나요?
You did good! 아주 잘했어요!

➕ good이 문장에서 가지는 다양한 의미를 알아볼게요. for good이라고 하면 forever와 같이 '영원히'라는 의미예요. She is gone for good.은 '그녀는 영원히 떠났다.' Good for you, Anna!라고 하면 '잘됐다, 축하해'라는 의미예요. I'm good with computers.(나는 컴퓨터를 잘 다룬다.)에서는 good이 '~을 잘 다루다'라는 의미로 쓰였습니다.

He says he's leaving her for good. 그는 그녀를 영원히 떠나겠다고 말한다.
She got her driver's license? Good for her! 그녀가 운전면허증을 땄다고? 잘됐다!

There's strawberries and rhubarb.

안에 딸기와 루바브가 있어요.

'~이 있다'라는 뜻의 there is와 there are는 우리말로 단순히 '있다', '없다'라는 뜻이지 '거기'를 뜻하는 there이 아니에요. be동사가 단수냐, 복수냐는 be동사 뒤에 오는 명사가 단수인지 복수인지에 따라 결정됩니다. 그런데 여기서는 뒤에 복수가 오는데도 there's라고 말했죠. 구어체에서는 뒤에 오는 명사의 수와 상관없이 there is를 쓰기도 한다는 걸 알아두세요. 참고로 be동사 is나 are 자체에 '있다'라는 뜻이 있기 때문에 there is/there are 형태일 때는 뒤에 장소를 나타내는 단어가 오지 않아도 말이 됩니다.

There is my phone. 내 전화기가 있어요.
There's cheese and honey in it. 치즈와 꿀이 그 안에 있어요.
There's a banana and two apples. 바나나와 사과 2개가 들어 있어요.

It's like celery. Long and...

셀러리 같은 거예요. 길고···.

동사 like는 '좋아하다'로 I like you.처럼 써요. 전치사 like는 '~처럼, ~와 비슷한'의 뜻으로 Anna can swim like fish.(애나는 물고기처럼 헤엄칠 수 있어요.) 또는 He is like his father.(그는 자기 아버지와 비슷하다.)로 쓸 수 있어요. 대화문에서도 이렇게 전치사로 쓰였습니다. 부사 like는 특별한 의미 없이 습관처럼 쓰는 '있잖아'라는 말을 붙일 때 Like, what did I do?(있잖아, 내가 뭘 했는데?)처럼 써요.

The puppy looks just like him.　　그 강아지는 그와 똑 닮았어요.
It sounds like it's raining.　　비가 오는 것처럼 들려요.
It's like a pie.　　파이와 같은 거예요.

Celery, oh it's like a vegetable.

셀러리, 아, 채소 같은 거네요.

원래 사물의 범주가 되는 집합명사는 셀 수 없습니다. 마찬가지로 fruit도 셀 수 없는 명사입니다. 하지만 예외적으로 vegetable은 셀 수 있는 집합명사로, 단수로도 쓸 수 있지만 Vegetables are good for you.와 같이 복수형도 가능합니다.

I don't eat vegetables.　　채소를 먹지 않아요.
Tomatoes are vegetables.　　토마토는 채소예요.
I like most vegetables.　　나는 대부분의 채소를 좋아해요.

Yeah, but it's very sour. So we add sugar to it. Because of it.

네, 근데 엄청 시어요. 그래서 안에 설탕을 넣었어요. 시어서요.

접속사 because는 '~때문에'라는 뜻으로 문장에서 뒤에 무조건 〈주어 + 동사〉가 붙습니다. 또 because of는 전치사로, 뒤에 명사가 온다는 것을 알아두세요.

Because of the rain, we didn't go on a picnic.
비 때문에. 야유회를 못 갔어요.
Mom put some milk in it because of the spicy flavor.
엄마가 우유를 넣었어요. 매운맛 때문에요.

1
_____

감사합니다, 정말 멋져요.　　　　　　　　　　보기 are, thank, awesome, they, you

2
_____

뭐가 들었어요?　　　　　　　　　　　　　　보기 it, what, is, in

3
_____

파이 같은 거예요.　　　　　　　　　　　　보기 a, it's, pie, like

4
_____

그것들은 채소와 같아요.　　　　　　　　　　보기 vegetables, are, like, they

5
_____

그래서 우리는 물을 넣었어. 너무 짜서.

보기 to, taste, so, because, the, we, salty, add, it, water, of

☐ 와, 파이가 정말 맛있어 보여요.	Wow, the pies are looking good.
☐ 감사합니다, 정말 맛있어요.	Thank you, they are good.
☐ 안에 뭐가 들어 있나요?	What's in there?
☐ 안에 딸기와 루바브가 있어요.	There's strawberries and rhubarb.
☐ 셀러리 같은 거예요.	It's like celery.
☐ 셀러리, 아, 채소 같은 거네요.	Celery, oh it's like a vegetable.
☐ 엄청 시어요. 그래서 안에 설탕을 넣었어요. 시어서요.	It's very sour. So we add sugar to it. Because of it.

 정답 **1** Thank you, they are awesome. **2** What is in it? **3** It's like a pie. **4** They are like vegetables. **5** So we add water to it because of the salty taste.

파머스 마켓에서 야채 구입하기

파머스 마켓에 온 리나. 오늘은 어떤 미션을 받게 될까요?

LINA, ANNA

리나 씨, 오늘 어디 간 거예요?

저 오늘 파머스 마켓에 왔어요.

오, 파머스 마켓. 들어본 것
같은데. 재래시장 같은 거죠?

구경할 게 많나요?

네, 여기 구경할 게 정말 많아요.
아, 선생님 저 오늘 식재료에 관한
미션 주시면 안 될까요?

당연히 되죠! 장 볼 때 유용하게
쓸 수 있는 미션으로 드릴게요.

Today's Mission

☐ 생산지 질문하기
☐ 어떻게 조리해야 하는지 물어보기

Live Talk

Lina Hi.

Seller Hi, how are you?

Lina Good, how are you?

Seller Very well, thank you.

Lina Wow… These vegetables look so fresh.

Seller Thank you.

Lina Are they homegrown?

Seller Yeah. So we have an acre farm, and everything here is a Phyto organic grown up in our farm in Hudson Valley.

Lina That's awesome. This one is very new to me. What is it?

Seller This is kohlrabi. Some people call them apple turnips. They are really crunchy like an apple, and bit of turnip taste to it too.

Lina Wow, so how do you eat this?

Seller I'd like to eat them raw. They go really well with sandwiches.

Another thing I'm doing right now is grating kohlrabi with an apple, to make a kohlrabi apple slaw.

Lina Sounds amazing. I'll take this.

Seller You got it.

Lina And this radish. It looks so pretty. Thank you.

Seller Okay. So 4 and 2, 6 bucks please.

Lina 6 dollars? Here you go.

Seller Thank you very much.

Lina Thank you. Have a good day.

---

farmers market 농산물 직매장 **homegrown** 집에서 직접 재배한, 국내산 **acre** 에이커(약 4,050평방
미터) **Phyto** (=plant) 파이토(식물과의 관계를 나타내는 접두어) **organic** 유기농의 **grow up** 키우다
new 낯선, 경험 없는 **kohlrabi** 콜라비 **crunchy** 바삭한 **bit of** 약간 **turnip** 순무 **taste** 맛이 나
다 **raw** 생으로, 날것으로 **grate** (강판에) 갈다 **slaw** (=coleslaw) 코울슬로 **radish** 무 **buck** (=
dollar) 달러

리나	안녕하세요.		순무 맛도 나요.
판매자	안녕하세요, 잘 지내시죠?	리나	와, 그럼 이건 어떻게 먹나요?
리나	잘 지내요. 잘 지내시죠?	판매자	저는 생으로 먹는 걸 좋아해요. 샌드
판매자	아주 잘 지내요. 감사합니다.		위치와도 잘 어울리고요.
리나	와… 여기 채소들 아주 싱싱해 보여요.		제가 또 먹고 있는 방법은 콜라비를
판매자	감사합니다.		사과랑 갈아서 코울슬로처럼 만드는
리나	집에서 직접 키우신 건가요?		거예요.
판매자	네. 저희가 1에이커 정도 되는 농장	리나	정말 맛있겠네요. 이거 살게요.
	이 있는데, 여기에 있는 모든 것은 저	판매자	알겠습니다.
	희 허드슨 밸리에 있는 농장에서 유	리나	그리고 이 무. 너무 예쁘네요. 감사합
	기농으로 키운 거예요.		니다.
리나	너무 좋네요. 이건 되게 낯선데요. 이	판매자	좋습니다. 그러면 4 더하기 2니까, 6
	게 뭔가요?		달러입니다.
판매자	콜라비예요. 어떤 사람들은 사과 순	리나	6달러요? 여기 있습니다.
	무라고 말해요.	판매자	감사합니다.
	정말 사과처럼 바삭바삭하고, 약간	리나	감사합니다. 좋은 하루 보내세요.

Mission Completed

리나가 어떻게 미션을 달성했는지 보세요.

☑ 생산지 질문하기

Lina **Are they homegrown?**

Seller **Yeah. So we have an acre farm, and everything here is a Phyto organic grown up in our farm in Hudson Valley.**

작물의 생산지를 물어볼 때는 Where is this crop produced?라고 해요. 대화문에서 리나
는 판매자가 직접 재배한 것인지를 물어보죠. Are they homegrown?이라고 하면 됩니다.
Homegrown은 '직접 재배한' 혹은 '국내산'을 의미해요.

☑ 어떻게 조리해야 하는지 물어보기

Lina **Wow, so how do you eat this?**

Seller **I'd like to eat them raw. They go really well with sandwiches.**

어떤 작물을 어떻게 먹을 수 있는지를 물어보고 싶을 때는 How do you eat this?라고 해요.
이렇게 조리법을 물어볼 때는 eat 동사를 사용하면 됩니다. 〈How do you ~?〉(어떻게 ~할 수
있나요?)에서 동사만 바꿔서 다양하게 말해보세요.

So we have an acre farm, and everything here is a Phyto organic grown up in our farm in Hudson Valley.

저희가 1에이커 정도 되는 농장이 있는데, 여기에 있는 모든 것은 저희 허드슨 밸리에 있는 농장에서 유기농으로 키운 거예요.

---

acre

acre는 '에이커'로 발음되고 '약 4,050평방미터 크기의 땅'이에요. 대화문에서는 굉장히 큰 땅으로 이해하면 됩니다.

My grandparents have a 3-acre homestead.
내 조부모는 3에이커의 농가를 가지고 계세요.

His front yard is an acre.
그의 앞뜰은 1에이커야.

The farm is 500 acres.
그 농장은 500에이커예요.

Phyto organic

phyto는 plant, 즉 '식물'이라는 뜻이고 organic은 '유기농의'라는 뜻으로, Phyto organic은 '유기농, 식물성'이라는 의미입니다. Phyto organic food라고 하면 유기농 음식을 말해요. 비슷한 의미로 '친환경적'이이라는 뜻의 eco-friendly도 있어요.

I like Phyto organic food.
유기농 음식을 좋아해요.

I try to eat Phyto organic food.
유기농 음식만 먹으려고 해요.

We should use more Phyto organic products.
더 많은 유기농 제품을 사용해야겠어요.

They are really crunchy like an apple.

정말 사과처럼 바삭바삭해요.

really는 보통 강조로 '정말'이라는 의미여서 I really like it.(나는 이거 정말 좋아.), I'm really busy.(나 정말 바빠.)라고 말해요. 본문에서 crunchy(바삭한) 앞에 really가 들어갔으니 '정말 바삭해요.'가 되겠네요. crunchy는 견과류처럼 덩어리가 있는 음식의 바삭함을 표현할 때 쓰는 단어이고 crispy는 얇고 쉽게 부서지는 음식을 표현할 때 사용해요. 또한 not이 really 앞에 오는지 뒤에 오는지에 따라 의미가 달라집니다. not 앞에 really가 오면 '정말, 진짜'라는 의미가 되고, not 뒤에 really가 오면 '딱히, 별로, 그다지'라는 의미가 됩니다.

You're really not cute.	너 진짜 안 귀엽다.
You're not really cute.	너 별로 안 귀여워
I'm really not tired.	나 진짜로 피곤하지 않아.
I'm not really tired.	나 별로 안 피곤해.

Wow, so how do you eat this?

와, 그럼 이건 어떻게 먹나요?

'음식을 먹다'라는 표현으로는 동사 eat와 have 둘 다 사용할 수 있어요. 하지만 보통 eat 뒤에는 음식이 나오고 have 뒤엔 식사와 음식 둘 다 쓸 수 있습니다. I eat chocolate. I eat pizza. I have candy. I have lunch. 그런데 have는 '먹다'와 '마시다' 둘 다 될 수 있기 때문에 표현을 분명하게 해주려면 have보단 eat과 drink를 사용하는 것을 추천해요.

Students eat spaghetti for lunch.	학생들은 점심으로 스파게티를 먹어요.
We're going to eat steak for dinner.	우리는 저녁으로 스테이크를 먹을 거예요.
How do you eat asparagus?	아스파라거스는 어떻게 먹어요?

So 4 and 2, 6 bucks, please.

그러면 4 더하기 2니까 6달러입니다.

buck은 dollar를 의미하며 달러 화폐를 사용하는 미국이나 호주에서 사용해요.

Can I borrow 10 bucks?	10달러를 빌릴 수 있을까요?
I bought this for 20 bucks.	나는 이걸 20달러에 샀어요.
Anna owed me 40 bucks.	애나가 나한테 40달러를 빌렸어요.

Drill 1

학습한 내용을 응용하여 영작해보세요.

1

_____

이 사과들은 직접 재배한 거예요.   보기 apples, they, homegrown, are

2

_____

그의 앞뜰은 1에이커야.   보기 is, his, acre, front, an, yard

3

_____

그것들은 정말 맛있어요.   보기 really, they, delicious, are

4

_____

아스파라거스는 어떻게 먹어요?   보기 eat, do, asparagus, how, you

5

_____

그러면 5 더하기 3니까, 8달러입니다.   보기 8, please, so, 3, and, 5, bucks

Drill 2

영어를 가리고 한국어를 보면서 바로 말할 수 있는지 체크해보세요.

☐ 집에서 직접 키우신 건가요?	Are they homegrown?
☐ 저희가 1에이커 정도 되는 농장이 있어요.	So we have an acre farm.
☐ 모든 것은 저희 농장에서 유기농으로 키운 거예요.	Everything here is a Phyto organic grown up in our farm.
☐ 정말 사과처럼 바삭바삭해요.	They are really crunchy like an apple.
☐ 와, 그럼 이건 어떻게 먹나요?	Wow, so how do you eat this?
☐ 그러면 4 더하기 2니까, 6달러입니다.	So 4 and 2, 6 bucks please.
☐ 좋은 하루 보내세요.	Have a good day.

 1 They are homegrown apples. **2** His front yard is an acre. **3** They are really delicious. **4** How do you eat asparagus? **5** So 5 and 3, 8 bucks please.

피자 픽업하기

포장 주문한 피자를 가지러 피자 가게에 간 리나.
오늘은 어떤 미션을 받게 될까요?

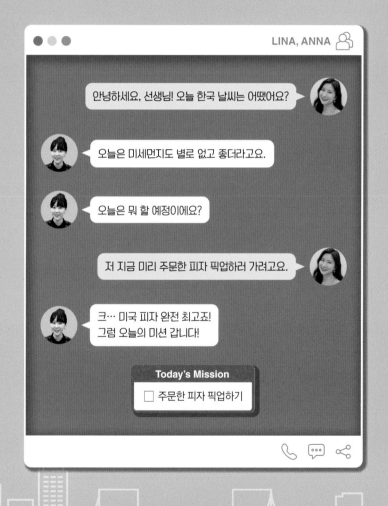

Lina   Hello, hi. Can I order a pie of pepperoni pizza for to go?

Yes, I will pick it up in 30 minutes. Lina. Great, I will see you later. Bye.

Lina   Hello!

Owner   Hey, how are you doing?

Lina   Good, how are you?

Owner   How can I help you?

Lina   I have a pick-up order under Lina.

Owner   Pepperoni pie.

Lina   Yes.

Owner   I got your box. Uh, that will be 19 dollars, please.

Lina   19 dollars… Here you go. You can keep the change.

Owner   I appreciate it. Thank you, enjoy!

Lina   Have a good day!

Owner   I will see you again. Bye-bye.

Lina   Bye.

---

a pie of pizza 피자 한 조각   **pick up** ~을 찾다[찾아오다]   **in+시간** ~후에   **appreciate** 고마워하다
pick-up order 픽업 오더(주문한 것을 직접 받으러 가는 것을 명기한 주문서)   **under+이름** (주문 시) ~의 이름으로   **change** 잔돈

리나	안녕하세요. 페퍼로니 피자 한 판 포장 주문할 수 있나요?	가게 사장	페퍼로니 한 판 말씀이죠?
	네, 30분 후에 찾으러 갈게요.	리나	맞아요.
	'리나'예요. 좋아요, 이따 뵐게요.	가게 사장	여기 피자입니다. 음, 19달러입
	안녕히 계세요.		니다.
리나	안녕하세요!	리나	19달러… 여기 있어요. 잔돈은
가게 사장	안녕하세요, 기분 어때요?		괜찮아요.
리나	좋아요.	가게 사장	감사합니다. 맛있게 드세요!
가게 사장	무엇을 도와드릴까요?	리나	즐거운 하루 보내세요!
리나	'리나'라는 이름으로 포장 주문 했어요.	가게 사장	또 뵙겠습니다. 안녕히 가세요.
		리나	안녕히 계세요.

Mission Completed

리나가 어떻게 미션을 달성했는지 보세요.

☑ 주문한 피자 픽업하기

Owner **How can I help you?**

Lina **I have a pick-up order under Lina.**

Owner **Pepperoni pie.**

Lina **Yes.**

포장 주문한 피자를 가지러 갈 때 영어로 막상 어떻게 해야 할지 모르는 사람이 많을 것 같은데요. 주문한 피자를 픽업할 때는 I have a pick-up order.라고 하면 됩니다. a pick-up order는 '포장 주문'이라는 표현이에요. '누구의 이름으로 포장 주문했다.'라고 말할 때는 under이라는 단어를 쓰고 뒤에 주문자명을 넣어서 under Lina라고 말하면 됩니다. '김지훈이라는 이름으로 포장 주문한 피자를 가지러 왔어요.' I have a pick-up order under Jihoon Kim.

Yes, I will pick it up in 30 minutes.

네, 30분 후에 찾으러 갈게요.

전치사 in은 시간을 말할 때는 '~후에'라는 뜻으로 본문에서 in 30 minutes는 30분 전이 아닌 '30분 후'라는 뜻입니다.

We'll be back in an hour.　　우린 한 시간 후에 돌아올 거예요.
It will be ready in 15 minutes.　15분 후에 준비될 거예요.
I will be there in 5 minutes.　　5분 후에 도착할게요.

➕ '특정한 기간 동안에'라는 뜻으로 in을 사용하기도 하는데요. 예를 들어 in 2022(2022년에), in July(7월에), in summer(여름에)와 같이 쓴다는 것도 알아두세요.

The new model will be launched in September.
새 모델이 9월에 출시될 것이다.

It's very hot here in summer.
여기는 여름에 매우 덥다.

Hey, how are you doing?

안녕하세요, 기분 어때요?

Doing은 doin으로 발음됩니다. '어떻게 지내고 있니?' 또는 '기분은 어때?'라는 뜻의 How are you doing?을 How you doin?이라고 말하는 것을 들을 수 있어요. 이 문장은 be동사 are을 생략한 형태이며, doin은 doing의 발음을 축약한 것입니다. 이런 표현은 대체로 구어체에서 사용합니다.

What are you doing here?　여기서 뭐 하고 있어?
Are you doing fine?　　　　잘하고 있어요?
I'm doing it right now.　　지금 바로 하고 있어요.

Pepperoni pie.

페퍼로니 한 판 말씀이죠?

pepperoni는 돼지고기나 소고기에 양념을 하여 가공한 이탈리아 계열의 미국식 살라미로, 주로 피자 토핑으로 인기가 높습니다. 발음은 3음절에 강세를 줘서 '페퍼로우니'라고 하고 '로'보다는 '로우'로 좀 더 길게 발음하면 됩니다.

I love pepperoni pizza.	페퍼로니 피자 좋아해.
He's just picking out the pepperoni.	그는 페퍼로니만 골라 먹고 있어.
Pepperoni is too salty.	페퍼로니가 너무 짜다.

Uh, that will be 19 dollars, please.

음, 19달러입니다.

money(돈)은 셀 수 없는 명사여서 s를 붙일 수 없지만 coin(동전)이나 dollar(달러)는 셀 수 있는 명사여서 s를 붙일 수 있습니다.

Do you have five dollars?	5달러 있니?
I only have a dollar bill.	나는 1달러짜리 지폐만 있어요.
I'll pay in dollars.	달러로 계산할게요.

I appreciate it.

감사합니다.

appreciate 다음에 사람은 넣을 수 없고 그 사람이 해준 감사한 행위를 넣을 수 있어 〈appreciate + 감사한 행위(명사/동명사)〉가 됩니다.

I appreciate your consideration.
너의 배려에 감사해.

I would appreciate it if you paid in cash.
현금으로 지불해주시면 고맙겠어요.

I'd appreciate your input on this.
이에 대한 조언에 감사드려요.

Drill 1

학습한 내용을 응용하여 영작해보세요.

1

_____

15분 후에 픽업하러 갈게요.　　　　　　보기 in, will, 15, I, it, up, minutes, pick

2

_____

잘 지내고 계신가요?　　　　　　　　　보기 well, you, doing, are

3

_____

'크리스'라는 이름으로 포장 주문했어요.　보기 order, a, Chris, have, under, I, pick-up

4

_____

21달러입니다.　　　　　　　　　　　보기 be, please, that, 21, will, dollars

5

_____

배려에 감사드려요.　　　　　　　　　보기 your, I, consideration, appreciate

Drill 2

영어를 가리고 한국어를 보면서 바로 말할 수 있는지 체크해보세요. 38 02

☐	페퍼로니 피자 한 판 포장 주문할 수 있나요?	Can I order a pepperoni pizza for to go?
☐	네, 30분 후에 찾으러 갈게요.	I will pick it up in 30 minutes.
☐	'리나'라는 이름으로 포장 주문했어요.	I have a pick-up order under Lina.
☐	음, 19달러입니다.	Uh, that will be 19 dollars, please.
☐	감사합니다.	I appreciate it.
☐	달러로 계산할게요.	I'll pay in dollars.
☐	15분 후에 준비될 거예요.	It will be ready in 15 minutes.

 1 I will pick it up in 15 minutes. **2** Are you doing well? **3** I have a pick-up order under Chris. **4** That will be 21 dollars, please. **5** I appreciate your consideration.

옷 수선 맡기기

리나가 세탁소에 옷 수선을 맡기기 위해 세탁소 앞에 왔어요.
자, 여러분 리나의 라이브 방송에 들어가볼까요?

Lina	Hello!
Owner	Hi, how may I help you?
Lina	I'd like to get my jeans altered. Seems too long for me. Um… Could you just cut the bottom and hem it?
Owner	Sure. I will work it up. How much do you want to shorten this?
Lina	Oh, up to this much.
Lina	Yeah. When's the soonest time to pick up?
Owner	I'll get it done for you tomorrow morning.
Lina	Great, thank you. See you tomorrow!

alter (옷을) 수선하다, 고치다, 바꾸다   **seem** ~인 것 같다, ~처럼 보이다   **bottom** 맨 아래(부분)   **hem** 단을 올리다[만들다]   **soonest** 가장 빠른(soon의 최상급)   **pick up** 찾아오다, 찾다   **get it done** 끝내다

리나	안녕하세요!
사장	안녕하세요, 어떻게 도와드릴까요?
리나	청바지를 수선하고 싶어요. 저한테 너무 긴 것 같아서요.
	음… 밑을 자르고 단을 만들어주실 수 있나요?
사장	물론이죠. 해드릴게요. 얼마나 줄이고 싶으세요?
리나	아, 여기까지요.
리나	네. 가장 빠르게 받을 수 있는 날이 언제인가요?
사장	내일 아침까지 해놓을게요.
리나	좋아요, 감사합니다. 내일 봬요!

Mission Completed

리나가 어떻게 미션을 달성했는지 보세요.

☑ 바지 길이 수선하고 단을 만들어달라고 하기

Lina **I'd like to get my jeans altered. Seems too long for me.**
Um… Could you just cut the bottom and hem it?

Owner **Sure. I will work it up. How much do you want to shorten this?**

Lina **Oh, up to this much.**

바지 길이를 줄여달라고 요청할 때가 있죠. 리나는 바지단도 만들어달라고 하네요. 동사 cut과 hem만 기억하면 된답니다. Could you just cut the bottom and hem it? 이렇게요. 또한 '이 재킷 길이 좀 줄여주시겠어요?'라고 말하고 싶으면, shorten이라는 단어를 써서 Could you shorten this jacket?이라고 하면 돼요. 반대로 늘려달라고 말하고 싶으면 lengthen이라는 단어를 써서, '이 바지 길이 좀 늘려 주시겠어요?' Could you lengthen these pants? 라고 말하면 됩니다. 마지막으로, '이 바지처럼 줄여주세요.'라는 말도 해볼까요? 끝에 like this one(이것처럼)을 붙여서 Could you shorten these pants just like this one?

☑ 가장 빠르게 되는 날 물어보기

Lina **Yeah. When's the soonest time to pick up?**

Owner **I'll get it done for you tomorrow morning.**

가장 빨리 되는 날짜를 물어볼 때는 When is the soonest time to pick up?이라고 했습니다. 다른 표현으로 When is the soonest I can pick it up? 아니면 간단하게 When can I pick it up?이라고 할 수도 있어요. 구체적으로 '월요일까지 해주세요.'라고 말하고 싶으면, by라는 단어를 써서 Could you have it done by Monday?라고 말하면 됩니다.

I'd like to get my jeans altered.

청바지를 수선하고 싶어요.

alter는 '고치다, 바꾸다'라는 뜻으로 리나처럼 '옷을 수선하다'라는 뜻으로 사용할 수 있어요. 수선해주는 사람이 대신 해주는 거니까, 과거분사 형태를 써서 get my jeans altered라고 하면 됩니다. 또는 have it altered를 사용해서 The jacket was too long, so I took it back to the store to have it altered. (재킷이 너무 길어서 수선하려고 상점에 다시 가져갔어요.) 이런 식으로 활용할 수 있습니다.

Could you alter these pants for me?   이 바지를 나한테 맞게 수선해주시겠어요?
We can alter your coat to fit you.   몸에 맞게 코트를 고쳐드릴 수 있어요.
I'd like to get my shirt sleeves altered.   내 셔츠 소매를 수선하고 싶어요.

Could you just cut the bottom and hem it?

밑을 자르고 단을 만들어주실 수 있나요?

여기서 hem은 동사로 '단을 올리다'라는 뜻으로 쓰여서 hem it은 '이것의 단을 올리다'라는 표현이에요. 명사의 hem도 있는데 '단'이라는 뜻입니다.
수선 관련 표현을 좀 더 알아볼까요? '줄이다'는 take in 또는 shorten이라는 단어를 써서 Could you take in this jacket? Could you shorten this jacket? '늘리다'는 let out 또는 lengthen이라는 단어를 써서 Could you let out these pants? Could you lengthen these pants? 추가로 '이 지퍼 수선해주실 수 있나요?'는 Could you fix this zipper?이라고 말하면 됩니다.

Would you like to hem the skirt?   치맛단을 올릴까요?
Can you hem these jeans?   단을 넣어서 청바지를 줄여주실래요?
I'll just cut the sleeves and hem them.   소매를 자르고 단을 만들 거예요.

When's the soonest time to pick up?

가장 빠르게 받을 수 있는 날이 언제인가요?

리나는 '빨리'라는 뜻이 있는 soon의 최상급 soonest를 이용해서 물어봤어요. 같은 표현으로는 When is the soonest I can pick it up?이 있어요. 또는 How long does it take?(얼마나 걸려요?)라고 물을 수 있습니다.

This Wednesday is the soonest we can deliver.
이번 주 수요일이 저희가 가장 빨리 배송할 수 있는 요일이에요.

Sunday is the soonest!
일요일이 가장 빠른 시일이에요.

When is the soonest time to fix it?
가장 빠르게 수선할 수 있는 때가 언제인가요?

➕ soon은 '곧, 머지 않아'라는 뜻도 있습니다. 이 의미로 어떻게 사용하는지 예를 볼까요?

We will be home soon. 우리는 곧 집에 도착할 거야.
He'll soon be here. 그는 곧 여기 올 거야.

I'll get it done for you tomorrow morning.

내일 아침까지 해 놓을게요.

get it done은 '끝내다, ~를 해내다, ~를 완성해내다'라는 뜻입니다. 리나는 가장 빨리 받을 수 있는 날짜가 언제인지를 물어봤고 사장님이 내일 아침까지 해주겠다고 했죠. 반대로 사장님한테 '내일까지 해주세요.'라고 말하고 싶을 때는 어떻게 할까요? '저 내일까지 이거 필요해요.' I need this by tomorrow.라고 말하면 됩니다.

Can you get it done by next week?
다음 주까지 끝낼 수 있을까요?

We'll get it done for you by the day after tomorrow.
저희는 모레까지 해놓을게요.

I need to get it done by the end of next month.
다음 달 말까지 완성해야 해요.

1
_____

이 재킷 좀 줄여주실래요?　　　　　　　보기 this, could, jacket, you, shorten

2
_____

가장 빨리 받을 수 있는 날이 언제인가요?　보기 can, up, the, when, pick, soonest, is, I, it

3
_____

이 바지를 저한테 맞게 수선해주시겠어요?　보기 pants, could, me, alter, you, for, these

4
_____

내 셔츠 소매를 수선하고 싶어요.　　　　보기 sleeves, altered, I'd, get, shirt, like, my, to

5
_____

가장 빠르게 수선할 수 있는 때는 언제인가요?　보기 can, it, when, you, is, fix, soonest

Drill 2

영어를 가리고 한국어를 보면서 바로 말할 수 있는지 체크해보세요.

☐	청바지를 수선하고 싶어요.	I'd like to get my jeans altered.
☐	밑을 자르고 단을 만들어주실 수 있나요?	Could you just cut the bottom and hem it?
☐	얼마나 줄이고 싶으세요?	How much do you want to shorten this?
☐	가장 빠르게 받을 수 있는 때는 언제인가요?	When is the soonest time to pick up?
☐	내일 아침까지 해놓을게요.	I'll get it done for you tomorrow morning.
☐	이 바지 좀 늘려주실래요?	Could you lengthen these pants?
☐	몸에 맞게 코트를 고쳐드릴 수 있어요.	We can alter your coat to fit you.

정답　**1** Could you shorten this jacket? **2** When is the soonest I can pick it up? **3** Could you alter these pants for me? **4** I'd like to get my shirt sleeves altered. **5** When is the soonest you can fix it?

한국 식자재 알려주기

한인 마트에 호스트 엄마와 함께 간 리나. 오늘은 어떤 미션을 받게 될까요?

LINA, ANNA

Hi! 어, 오늘은 옆에 누가 있네요?

안녕하세요 선생님! 오늘은 호스트 엄마랑 한인 마트에 왔어요.
Say hi!

Hi! Heard so much about you.

Really? Nice to meet you.
리나 씨, 정말 좋으신 분이네요.

그럼 오늘 미션은 '한국 음식 소개하기'로 드릴게요.

Today's Mission
- ☐ 김 먹는 법 알려주기
- ☐ 붕어빵 모양 아이스크림 설명하기

네, 그럼 즐겁게 쇼핑하면서 미션 성공해볼게요!

Live Talk

Lina	So… this is Korean roasted seaweed.
	We usually eat it with white rice or sometimes have it as a snack.
	Do you wanna try?
Anna	Yes, definitely!
Lina	There are some frozen stuff here.
	Ooooh, this one is one of the most famous ice creams in Korea.
	And it has this little cute fish shape, with vanilla ice cream with red bean.
Anna	Oh, that looks yummy!
Lina	Right? And they have different flavors.
	Like matcha with red bean and chocolate with red bean, but this one is the original. Should we try this?
Anna	Yes, let's get it for the kids.
Lina	Yes!

---

heard so much about ~에 대해 많이 듣다　**roasted** 구운　**seaweed** 김, 해조, 해초　**snack** 간식, 스낵, 간단한 식사　**definitely** 당연히, 반드시　**frozen stuff** 냉동식품　**fish shape** 물고기처럼 생긴 것, 물고기 모양　**red bean** 팥　**different** 각양각색의　**flavor** 맛　**matcha** 말차(일본의 가루 녹차)　**original** 오리지널, 시초의[본래의], 원본

리나	이건 한국의 구운 김이에요. 주로 하얀 쌀밥과 함께 먹거나 종종 간식처럼 먹어요. 한번 드셔볼래요?		과 팥이 들어 있어요.
		애나	오, 맛있어 보이네!
애나	응, 당연하지!	리나	그렇죠? 맛도 여러 가지예요. 말차와 팥도 있고 초콜릿이랑 팥도 있는데, 이게 오리지널이에요. 이걸로 먹어볼까요?
리나	여기는 냉동식품이 있네요. 오, 이건 한국에서 가장 유명한 아이스크림 중 하나예요. 귀여운 물고기 모양인데, 바닐라 아이스크림		
		애나	응, 애들 주자.
		리나	네!

Mission Completed

리나가 어떻게 미션을 달성했는지 보세요.

☑ 김 먹는 법 알려주기

Lina   **So… this is Korean roasted seaweed.**
We usually eat it with white rice or sometimes have it as a snack.
Do you wanna try?

Anna   **Yes, definitely!**

김을 먹는 법을 알려줄 때는 〈We usually eat seaweed ~〉라는 표현을 써서 '우리는 대개 김을 ~먹는다'라고 말을 시작하면 됩니다. 어떻게 먹는지를 설명하려면 We usually eat it with white rice.(우리는 대개 김을 흰 쌀밥과 함께 먹는다.)라고 말하면 되겠죠. 김치를 어떻게 먹는지도 설명할 수 있어요. We usually eat kimchi with white rice. 이렇게요.

☑ 붕어빵 모양 아이스크림 설명하기

Lina   **Ooooh, this one is one of the most famous ice creams in Korea.**
And it has this little cute fish shape, with vanilla ice cream with red bean.

Anna   **Oh, that looks yummy!**

붕어빵 모양이라는 것을 먼저 설명해볼까요? It has fish shape. 또는 It's fish-shaped. 하트 모양이면? It's heart-shaped. 이제 안에 무엇이 들어 있는지를 설명해보죠. It has chocolate ice cream with custard cream.(초콜릿 아이스크림과 커스타드 크림이 함께 들어 있어요.) 붕어빵 모양 아이스크림 말고 붕어빵도 소개해볼까요? 붕어빵 is fish-shaped pastry with sweet red bean filling.이라고 하면 돼요.

We usually eat it with white rice or sometimes have it as a snack.

주로 하얀 쌀밥과 함께 먹거나 종종 간식처럼 먹어요.

usually eat it with라고 하면 '대개 이것을 ~와 함께 먹다'라는 표현으로 대체로 많은 사람이 이렇게 먹는 것을 선호한다는 의미를 포함하고 있죠.

그럼 '잘 어울리다, 딱이다'라는 표현을 배워볼까요? suit it well, go well with라는 표현이 있습니다. suit it well은 Korean seaweed suits white rice pretty well.(한국 김은 흰 쌀밥과 잘 어울려요.)처럼 사용할 수 있어요. go well with는 '~와 잘 어울리다'로 It goes well with white rice.(그건 흰 쌀밥과 잘 어울려.)라고 말할 수 있습니다. 그 외에도 go great with, go best with도 있습니다.

I usually eat it with kimchi. 대체로 난 김치와 함께 먹어요.
They usually eat it with balsamic oil. 그들은 주로 발사믹 오일과 같이 먹어요.
We usually eat it with salt and pepper. 우린 주로 소금과 후추와 같이 먹어요.

And it has this little cute fish shape, with vanilla ice cream with red bean.

귀여운 물고기 모양인데, 바닐라 아이스크림과 팥이 들어 있어요.

여기서 with는 '~로 채워진'이라는 뜻으로 'be filled with'와 같은 표현입니다. It is filled with red bean.이라고 하면 '팥으로 채워졌어요.'가 돼요. filling이라는 명사도 있는데, 음식 속에 넣는 '소'나 '고명'을 말해요. red bean filling이라고 하면 '팥소'가 됩니다.

The cake with strawberry and lemon. 딸기와 레몬으로 채워진 케이크예요.
The pie with apple and cinnamon. 사과와 계피로 채워진 파이예요.
The ice cream with nuts. 견과류가 들어 있는 아이스크림이에요.

Oh, that looks yummy!

오, 맛있어 보이네!

'아주 맛있는'이라는 뜻의 yummy는 delicious와 같은 뜻입니다. 그럼 '맛있다'라는 표현들을 알아볼까요? 그냥 '맛있다'는 표현으로 It's good/awesome/fantastic.이 있고요. It's out of this world.는 '이 세상 맛이 아니야.', It's to die for!는 '끝내준다!', it's mouthwatering. 은 '완전 군침이 도네.', It's finger licking tasty.는 '손가락까지 쪽쪽 빨아먹을 정도야!'

It was very tasty and yummy.	이것은 아주 맛있었어요.
The meat looks yummy.	고기는 맛있어 보인다.
Try this yummy pizza.	이 맛있는 피자를 먹어보세요.

And they have different flavors.

맛도 여러 가지예요.

flavor는 '특정한 맛'을 의미해서 음식의 초콜릿 맛, 바나나 맛, 딸기 맛 등을 말할 때 사용하는 단어입니다. flavored는 '~의 맛이나 향기가 나는'이라는 뜻으로 lemon-flavored는 '레몬 맛', banana-flavored는 '바나나 맛'으로 사용해요.

Which flavor do you like?	어떤 맛을 좋아하나요?
He really likes the flavor of coffee.	그는 커피 맛을 정말 좋아해요.
I'll have the mango-flavored one.	나는 망고 맛으로 할게요.

Should we try this?

이것도 먹어볼까요?

동사 try는 '시도하다'라는 뜻으로 Should we try this?라고 하면 '우리 이거 시도해볼까?'라는 의미가 되죠. 대화문에서는 리나가 호스트 엄마에게 김을 먹어보자고 하는 뜻으로 사용했습니다. 상대방에게 어떤 음식을 먹어본 적이 있는지 물을 때는 〈Have you tried ~ before?〉 패턴을 사용해서 Have you tried kimchi before?(김치 먹어본 적 있니?)라고 하면 됩니다.

Why don't you try it?	한번 시도해봐요.
Let's give it a try.	한번 시도해보자.
I've tried it before.	예전에 먹어봤어요.

1

우리는 김치를 주로 흰 쌀밥과 같이 먹어요.　　보기 white, we, eat, kimchi, usually, with, rice

2

그들은 주로 발사믹 오일과 같이 먹어요.　　보기 with, oil, they, eat, usually, it, balsamic

3

작은 귀여운 곰 모양이에요.　　보기 cute, has, this, bear shape, little, it

4

사과와 계피로 채워진 파이예요.　　보기 and, with, the, cinnamon, pie, apple

5

그는 커피 맛을 정말 좋아해요.　　보기 likes, he, flavor, really, coffee, the, of

Drill 2

영어를 가리고 한국어를 보면서 바로 말할 수 있는지 체크해보세요. 40 02

☐ 주로 하얀 쌀밥과 함께 먹어요.	We usually eat it with white rice.
☐ 귀여운 물고기 모양인데, 바닐라 아이스크림이 들어 있어요.	It has this little cute fish shape, with vanilla ice cream.
☐ 오, 맛있어 보이네!	Oh, that looks yummy!
☐ 맛이 여러 가지예요.	They have different flavors.
☐ 말차와 팥도 있고 초콜릿도 있어요.	Like matcha with red bean and chocolate.
☐ 이것을 먹어볼까요?	Should we try this?
☐ 초콜릿 아이스크림과 커스터드 크림이 함께 들어 있어요.	It has chocolate ice cream with custard cream.

 1 We usually eat kimchi with white rice. **2** They usually eat it with balsamic oil. **3** It has this little cute bear shape. **4** The pie with apple and cinnamon. **5** He really likes the flavor of coffee.

한 달 동안 미국 현지
생생하게 체험하기

•

You made it!

memo

memo

memo